Urs Peter Schneider Störi

Numerologie 0

+ Numerologie 10,20,30,40,50,60,70,80,90,100,110

Das ist ein wichtiges Schlüssel-werk für Dich, BESONDERS, falls Du an einem 10., 20. oder 30. geboren bist!

2 Geschenke für Dich:

Online-Kurs: Das Wesen einer ganzheitlichen Numerologie

Online-Kurs: Einführung, 13-Modul-Kurs Numerologie-Fernlehrgang

Bibliografische Information der Deutschen Nationalbibliothek

Die Deutsche Nationalbibliothek verzeichnet diese Publikation in der Deutschen Nationalbibliografie

Rechtliche Hinweise

Die Verwertung der Texte und Bilder, auch auszugsweise, ist ohne Zustimmung von mir, Urs Peter Schneider Störi, des Autors dieses Werks, urheberrechtswidrig und strafbar. Dies gilt auch für Übersetzungen, Vervielfältigungen, Mikroverfilmung und für jegliche Art von Verarbeitung mit elektronischen Systemen.

Als Leserin und Leser dieses Buches möchte ich Sie/Dich ausdrücklich darauf hinweisen, dass KEINE Erfolgsgarantie für die Verwendung der Texte gewährt werden kann.

Die Inhalte in diesem Buch spiegeln die Erfahrungen von mir, Urs Peter Schneider Störi, wider. Ich übernehme keinerlei Verantwortung für jegliche Art von Folgen, z.B. unerwünschte Reaktionen, Verluste, Risiken, falsch verstandene Texte oder Anwendungen.

Diese Veröffentlichung wurde nach bestem Wissen und Gewissen erstellt.

Autor:

Urs Peter Schneider Störi
Solitüdenstrasse 16
CH-9012 St. Gallen

https://lebensgestaltung.ch
info@lebensgestaltung.ch

Buchdeckel-Gestaltung: Jana Schuhmann Grafics

Fotos: https://de.depositphotos.com

Druck und Verarbeitung: Print on Demand Druck, durch Amazon Media EU SARL

1. Auflage, September 2020

ISBN: 9798622210419

131

Viel Freude mit diesem Werk!

Inhaltsverzeichnis

Über mich

- **Langjähriger und ganzheitlicher Numerologie-Experte** (seit 1990)
- **Persönlichkeitsentwicklungs-Coach**
- **Mindset- und Motivations-Trainer**
- **Bewusstseins-Impulsgeber**
- Kopf- und Gesichts-Leser
- Kenner der Zeit-Gesetze
- Vermittler mayanisches Wissen
- Künstler, z.B. in der Holzschnitzerei
- Liebhaber der Natur
- Wetter-Beobachter
- Hobby-Gärtner
- Scanner-Persönlichkeit
- Geistiges wie auch Körperbetontes lebend
- Immaterielles wie auch Materielles schätzend
- Tiefgründiges wie auch „Oberflächliches" lebend
- Männliche wie auch weibliche Ausdrucksweisen pflegend
- Vegetarisch unterwegs
- Interessierter Beobachter des Weltgeschehens
- Freude am Spiel

Homepage: https://lebensgestaltung.ch

E-Mail: info@lebensgestaltung.ch

Facebook-Numerologie-Gruppe: Dort kannst Du mir z.B. Fragen zur ganzheitlichen Numerologie stellen

https://klickehier.com/facebook-numerologie-gruppe

Youtube: Z.B. schon über 200 Zahlen-Erklär-Videos

https://klickehier.com/youtube:-numerologie-und-selbstbewusstsein;-so-geht-es!

Instagram: Viel Interessantes, Wissenswertes in Sachen ganzheitliche Numerologie und Persönlichkeits-Entwicklung:

https://www.instagram.com/numerologie_peter_schneider/

Amazon, Autoren-Portal: https://klickehier.com/alle-meine-werke-auf-amazon

Willkommen!

Hallo, wir grüssen Dich!

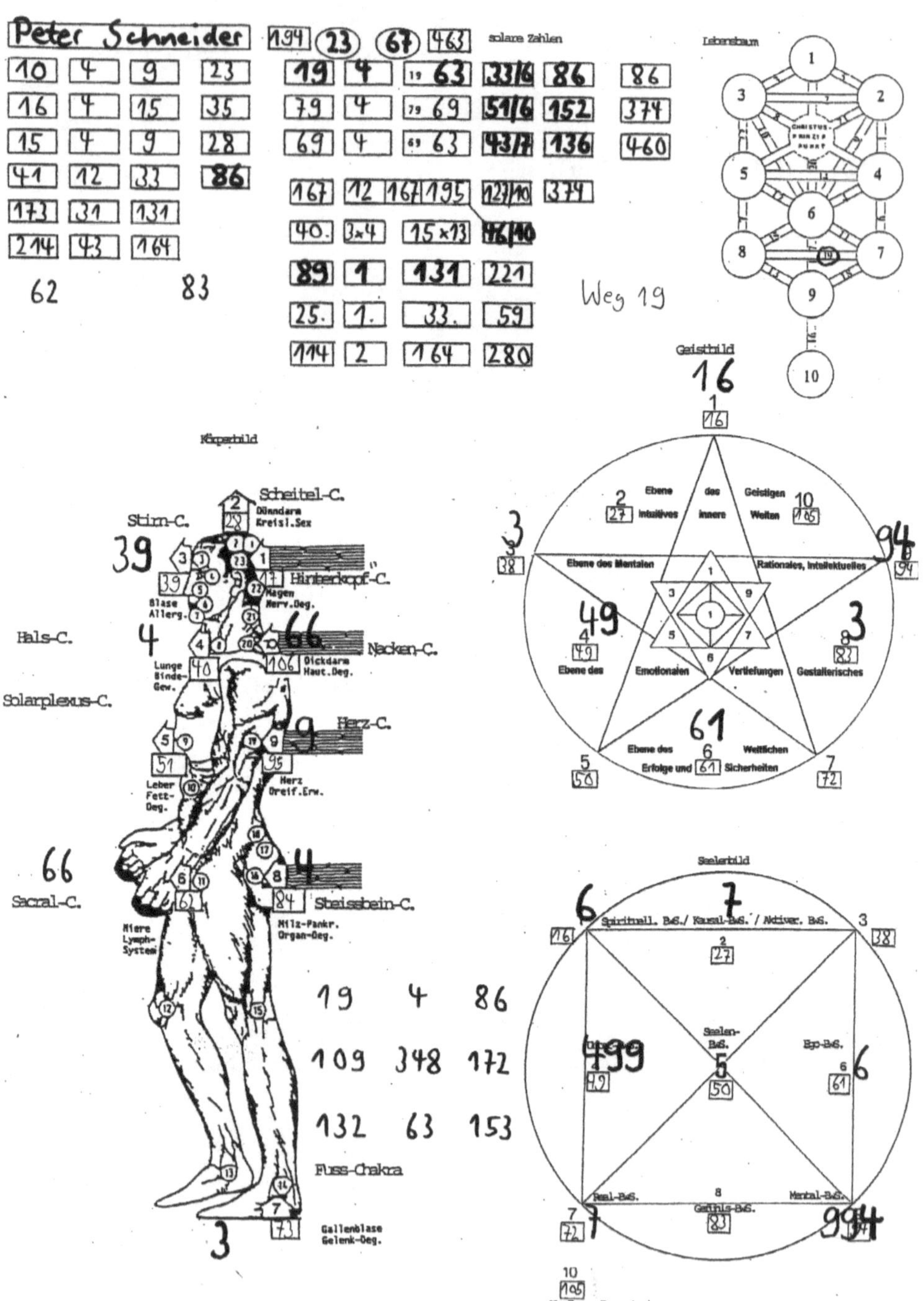

Peter Schneider
solare Zahlen
Lebensbaum
Weg 19
Körperbild
Scheitel-C.
Dünndarm Kreisl.Sex
Stirn-C.
Hinterkopf-C.
Magen Nerv.Deg.
Blase Allerg.
Hals-C.
Nacken-C.
Lunge Binde-Gew.
Dickdarm Haut.Deg.
Solarplexus-C.
Herz-C.
Leber Fett-Deg.
Herz Dreif.Erw.
Sacral-C.
Steissbein-C.
Niere Lymph-System
Milz-Pankr. Organ-Deg.
Fuss-Chakra
Gallenblase Gelenk-Deg.
Geistbild
Ebene des Geistigen
Intuitives innere Welten
Ebene des Mentalen
Rationales, Intellektuelles
Ebene des Emotionalen
Vertiefungen Gestalterisches
Ebene des Weltlichen
Erfolge und Sicherheiten
Seelenbild
Spirituell.BwS. / Kausal-BwS. / Aktiver.BwS.
Seelen-BwS.
Ego-BwS.
Real-BwS.
Gefühls-BwS.
Mental-BwS.
Wandlungs-Bewusstsein

Schö-ön, sehr gut, vielen herzlichen Dank, dass Du diesen Ratgeber bezogen hast, Du Dich für eine ganzheitliche Zahlen-Lehre interessierst!

Du hast hier das Taschenbuch über die Zahl 0 „in den Händen". Das ist EINES von insgesamt 10 (!) Bücher, nämlich über alle 10 einstelligen Zahlen-Kräfte.

Das ist erst der Anfang! Da wird es, falls es Dir stimmig sein wird, mit uns zu arbeiten, für Dich viele, viele weitere, interessante Möglichkeiten geben, z.B. verschiedene Coaching-Pakete, so z.B. auch den genialen, BEGLEITETEN ganzheitlich-numerologischen Fernlehrgang (Persönlichkeitsentwicklung, Bewusstwerdung), mit 13 Modulen (mit Abschluss), falls Dich das Thema beginnt, stärker zu interessieren! Du findest ausführliche Erklärungen darüber, in der Homepage https://lebensgestaltung.ch.

Siehe z.B. auch das bereits schon abgebildete Geburtsblatt (nach dem Portrait-Bild)! **Dieses GENIALE, ganzeitliche Numerologie-Horoskop ist unser wichtigstes Arbeits-Instrument!**

Es ist in diesem Werk gleich zweimal abgebildet, damit es auch diejenigen sehen können, die einfach mal, auf der entsprechenden Amazon-Seite, einen Blick ins Buch werfen möchten.

Wir benötigen dieses umfassende, tiefgründige, komplexe Bild, um z.B. **persönliche Sitzungen (1 ½ Std.)** abzuhalten (auch z.B. via Zoom-Sitzung möglich (Coaching-Paket-Angebot Nr 1)).

Auch erstellen wir damit **schriftliche Geburtstags-Auslegungen** (12-14 A4-Seiten, zeitlicher Aufwand etwa 3 ½ Std, da persönlich, auch mit einigen medialen Einlagen, verfasst … KEINE Computer-Bausteine (Coaching-Angebot Nr. 2)).

Siehe unsere verschiedenen Angebote im **Menü „Coaching"**, auf unserer Homepage.

Wir möchten Dir gleich zu Beginn einige unserer liebgewonnenen Eigenheiten vorstellen:

Das ist Dir vielleicht gleich aufgefallen, dass wir das „Du" mit einem grossen „D" schreiben! **Damit heben wir DEINE INDIVIDUALITÄT heraus** … ist doch eine freundliche Geste von uns, oder?!

Jeder, so auch Du, hat seine Schutz-Engel, Engel, geistigen Helfer und Führer, andere Wesenheiten und Energien … und selbstverständlich auch das allmächtige, göttliche Prinzip zur Verfügung! D.h., Du bist NIE alleine, Du kannst von allen möglichen Energien, Kräften, Wesenheiten unterstützt sein, falls Du das möchtest. Daher kommt das „Wir", in meinen Formulierungen (als Urs Peter Schneider Störi), weil ich gerne mit der geistigen Welt zusammen arbeite.

Es gibt dann auch sonst noch ein paar spezielle Eigenheiten, in unserer Ausdrucksweise, so auch was unsere Schreibweise betrifft.

Wir sind KEINE typischen Germanisten, was uns überhaupt nichts ausmacht, denn grundsätzlich sind wir mit unserem Schreibstil zufrieden.

Wir gehören KEINEN bestimmten politischen, wirtschaftlichen, religiösen oder sonstigen Gruppen an!

Mit unserer, meist männlichen Schreibweise meinen wir immer auch die weibliche Form!

Wir haben, in Sachen Zahlen-Wissen, KEINE Geheimnisse, z.B. KEINE Schlüssel, die wir zurückbehalten! Wir zeigen Dir in der Ausbildung ALLES, was wir momentan (Stand 2020) wissen!

Wir danken Dir für Dein Verständnis für unsere Eigenheiten.

Einige Basis-Angaben über die Zahlen

Du kannst es uns glauben, wir haben die Zahlen nicht erfunden. Schon alte Hochkultur-Völker wussten über die Urkräfte der Zahlen!

Zahlen sind sozusagen göttliche, universelle Kräfte, Schöpfungs-Kräfte, Erschaffer-Kräfte, Archetypen, Seelen.

„Numerologie", dieser Begriff steht, frei übersetzt, für das Zahlen-Handling im esoterischen, spirituellen, feinstofflichen Bereich.

Wie Du sicher schon weisst, gibt es viele verschiedene Numerologie-Systeme auf dieser Welt! „Viele Wege führen nach Rom"…, pflegen wir hier zu sagen! Du darfst selbst spüren, erfahren, WELCHE Methode, welcher Weg Dir am meisten zusagt.

In der Regel, unserer Meinung nach, werden die Menschen zu denjenigen Dingen, so z.B. auch Wissen, geführt, DIE GERADE (im Moment) PASSEN.

Wir wissen natürlich, dass das Zahlen-Anwendungs-Gebiet RIESIG ist! **Unser Fokus, mit den Zahlen-Kräften, ist EINDEUTIG die Persönlichkeits-Entwicklung, Bewusstwerdung!**

Zahlenkräfte ermöglichen sowohl Möglichkeiten, Stärken, Potentiale..., auch lösen sie – z.B. in Form eines Geburtstags (Geburtsdatums) – entsprechende Aufgaben aus.

In diesem Werk werden wir sowohl eine kleine Einführung über das Geburtstags-Bild (Numerologie-Horoskop, 19.4.63) wie auch ein ausführliches Beispiel, betreffend schriftliche Geburtstags-Auslegung von A-Z, mit der 0, an stärkster Stelle, machen.

Da wir in einer dreidimensionalen Welt leben, gibt es sogenannte Plus- und auch Minus-Seiten der Zahlen. Du hast es in der Hand, was Du bevorzugst, anzuwenden! Wir legen den Fokus klar auf die KONSTRUKTIVE Handhabung der Zahlen!

Es gibt weder gute noch schlechte Zahlen, weder typische Glücks- noch Pechzahlen, weder typische gute noch typische schlechte Geburts-Horoskope!!!

<u>**WICHTIG:**</u> Grundsätzlich ist mit JEDER Zahl **ALLES (!)** möglich zu tun, NUR, mit bestimmen Zahlen ist es BESONDERS GUT MÖGLICH (!), gewisse Dinge zu leben und z.B. auch bestimmte Aufgaben zu erfüllen.

Was die Zahl 0 betrifft, steht sie eben – sehr typisch (mehr als alle anderen 9 einstelligen Zahlen) – für Unendliches, innere Welten, Veränderung, Transformation, Erneuerung usw.!

Einer Zahl ist es sozusagen „egal", auf was sie steht, wo sie zur Anwendung kommt, mal in typisch irdischer Sprache ausgedrückt.

<u>Denn: Eine Zahl WIRKT, ob das jetzt ein Geburtsdatum ist, ob das die gregorianische Kalender-Form ist, ob das eine Haus-Nummer ist, ob das eine Zahl ist, die Du irgendwo aufgehängt hast usw.</u>

Mit Zahlen-Wissen darfst Du – verstärkt – Verantwortung tragen; es ist gut, wenn Dein Fokus vor allem DARIN besteht, mit Zahlen-Wissen andere Menschen in ihrer Entwicklung weiter zu bringen!

Keine gute Idee wäre (!), Zahlen-Wissen anzueignen, um (ständig) die Bestätigung zu erhalten, dass dieser und jener Mensch – mit entsprechenden Zahlen – z.B. unmöglich, böse, schlecht ist.

Let's go, wir wünschen Dir viele gute Erkenntnisse und viel FREUDE mit dieser ganzheitlichen Zahlen-Lehre!

Möglichkeiten, Stärken, Potentiale, Aufgaben mit der Zahl 0

Die 0 ist wohl die vielseitigste, vielschichtigste Zahlen-Kraft, die es gibt.

Wieso? Nun, die 0, die kennt sozusagen keinen Rahmen, keine Festigkeit, Struktur, Form, Konzept, Ordnung, Strategie.

Die Zahl 0 ist so planloser, unendlicher, unbeschränkter, rahmenloser, unbegrenzter, übrigens auch eher unruhiger, dann auch wühlender Natur.

So ist es auch die Zahlen-Kraft, die am stärksten von allen Zahlen, mit den Themen Veränderung, Umstellung, Transformation, Erneuerung zu tun hat.

Dies kennst Du sicher selbst sehr gut, falls Du die 0 im Geburtsdatum hast, besonders im Jahrgang, da dort die Wandlungen „am Sichtbarsten" sind.

So zwischendurch bemerkt, ist es schon sehr, sehr erstaunlich (!), dass es Numerologie-Systeme gibt, die die 0 NICHT im Programm haben!

Dies ist vor allem auch deshalb KAUM zu glauben (!), weil die 0, seit dem 1.1.2000, sowieso eine grössere Rolle spielt, vor allem für diejenigen, die ab dann geboren sind.

Nun, falls Du die 0 im Tag hast, Du also an einem 10., 20. oder 30. geboren bist, dann hat diese Zahlen-Kraft sozusagen die stärkste Stellung in Deinem Geburtsdatum.

Also, wenn das der Fall ist, dann darfst Du EIN BESONDERES AUGENMERK auf die Erfüllung der Aufgabe 0 achten.

<u>Die Tages-Zahl, die ist DEIN Steuerrad, in dieser ganzheitlichen Lehre, somit Deine wichtigste Zahl.</u>

<u>Es ist von grossem Vorteil, dass Du Deine Tages-Zahl liebst, wertschätzest, trainierst, in Gebrauch hast!</u>

Solltest Du das nicht tun, dann besteht die Möglichkeit, „neben der Schiene" zu laufen, so auch über zu wenig Energie und Motivation zu verfügen.

Klar, die 0, das ist definitiv nicht die leichteste Zahlen-Kraft zu leben, weil – wie Du schon erfahren hast – die 0 stark mit dem Wandlungs-, Transformations-Wesen zu tun hat.

Wer möchte schon z.B. eine (manchmal recht plötzliche) Veränderung erfahren, in Sachen schön wohnen (z.B. schönes Haus), in Sachen Beziehung, besonders, wenn sie gut läuft … oder z.B. einen Job aufgeben zu müssen, der viel Geld bringt usw.

Das ist menschlich, die bewahrende Art, also, dies und das möglichst lange behalten zu wollen, was einen gefällt!

Die 0 – übrigens ein typisches Lebensprinzip – unterstützt solches NICHT; die 0, die möchte Dich dazu bringen, immer wieder mal entsprechende Veränderungen in Deinem Leben anzubringen.

Die 0 ist GEGEN Statik, Routine, immer das Gleiche.

Die Zahl 0 möchte stets NEUES ins Spiel bringen.

Mit der 0 kannst Du immer wieder verschiedene Überraschungen erleben.

Das ist eine Zahlenkraft, die sozusagen plötzlich, aus heiterem Himmel, dies und das zeigen kann.

So ist es gut, mit einer 0 im Datum, zu trainieren, stets möglichst im Fluss zu sein.

Stelle Dir – symbolisch – einen Fluss vor, der da friedlich, natürlich vor sich hinfliessen kann, ohne eine künstliche Stauung zu erfahren.

Mit der 0 im Geburtsdatum ist es gut zu üben, stets möglichst im JETZT zu leben, weder zu stark in der Vergangenheit noch zu stark in der Zukunft.

Hast Du die 0 im Tag (10, 20 oder 30), dann ist es gut, zu trainieren, möglichst beweglich, elastisch im KOPF zu sein!

Auch ist es dann wichtig(!), stets offen für ein Update, also für eine gelegentliche „Überholung" zu sein!

Dies z.B. in Sachen Denken, Glauben, Weltbilder, Bewusstsein.

Neben der 2 und 8 ist die 0 die weiblichste, empfänglichste, sozialste, fürsorglichste, mütterlichste Zahlen-Kraft, die es gibt.

Sie hat viel mit Behüten, Beschützen, für andere da zu sein zu tun.

Das kann z.B. auch mit der Pflege, Behütung von Tieren und Pflanzen zu tun haben.

Im Geistprinzip, im Geistbild, wo alles seine Entstehung hat, steht die 0 (zusammen mit der 2) für das Feinstoffliche, Jenseitige, für die inneren, feinstofflichen Welten.

Wie auch mit der 2, kann es auch mit einer 0 im Geburtsdatum, sehr wichtig sein, den Bewusstseins-Weg zu gehen!

Vielleicht kennst Du das von anderen Menschen – oder z.B. auch von Dir selbst – dass eine 0 im Geburtsdatum, einen manchmal eine etwas undurchdringliche, dann auch verträumte, oft auch phantasievolle Note verleihen kann.

Die 0 im Seelenprinzip, also im Seelenbild, hat mit dem sogenannten Wandlungs-Bewusstsein zu tun. Da geht es darum, das Bewusstsein für den Sinn und Zweck einer Wandlung, einer Transformation zu verstehen.

Je mehr Du Interesse hast – besonders mit einer 0 in Deinem Geburtsdatum (aber auch sonst) – ab und zu in Deinem Leben Veränderungen, Umstellungen, Wandlungen, Transformationen, Erneuerungen zu erleben, desto fruchtbarer kann sich dies auf Deine Persönlichkeits-Entwicklung, Bewusstwerdung aus-wirken.

Also, viele Vorwärts-Entwicklungen können erst DANN erfolgen, wenn vorher eine entsprechende Veränderung gelaufen ist.

Die 0 im Körperprinzip, also im Körperbild, ist dem Fuss-Zentrum zugeordnet.

<u>Mit einer 0 im Geburtsdatum geht es – präventiv – darum, stets für genug Zirkulation und Durchblutung in Deinen Füssen und Beinen zu sorgen.</u>

Dies kannst Du sehr gut tun, z.B. mit der hervorragenden Fussreflexzonen-Massage.

Dies ist zu machen, damit sich keine Ablagerungen, Verstopfungen in den Füssen und Beinen und auch nicht im restlichen Körper, bilden können.

Die 0 fördert typisch weibliche Tätigkeiten. So kann es mit einer 0 im Geburtsdatum, interessant sein, im Sozial-, Fürsorge-, Pflege-Wesen – z.B. auch für Tiere und Pflanzen – tätig zu sein.

Typische Mutter-Tätigkeiten, dann z.B. auch Sozial-Päda-gogisches sind denkbar.

Du kannst, mit der 0, z.B. auch als Bewusstseins-Trainer, als Aufklärer tätig sein. Eine gute Sache ist z.B. auch, als „Transformations-Coach" zu wirken!

Mit der 0, darfst Du, im Beruf, einiges auslösen, auflösen, eben, in die Veränderung bringen.

Spezielle Verbindungen zu anderen Zahlen

Mit der 5 ist die 0 in einem Spannungs-Verhältnis. Das ist eine Oppositions-Form, Spannungs-Form, Gegensatz-Form, die z.B. Widersprüchlichkeiten, Gegensätze, Unterschiedlichkeiten auslösen kann.

Falls Du selbst sowohl eine 0 WIE auch eine 5 im Datum hast, kennst Du das gut, nämlich, zwei verschiedene Seelen in Deiner Brust zu haben, die ganz Unterschiedliches anstreben können.

Das kann – manchmal ein kleineres, manchmal ein grösseres – Spannungs-Feld auslösen. Es kann, von innen her Unruhe, Druck, Spannung, so dann auch ein Hin und Her auslösen.

Die WICHTIGE Aufgabe hier, ist zu erkennen, dass es darum geht, sowohl die 0 wie auch die 5 zu wertschätzen, zu lieben, GLEICHERMASSEN, etwa 50:50, zu fördern, zu leben, aber eben nicht zu stark nur in dem einen oder in dem anderen Pol zu verharren.

Solltest Du diese beiden Zahlen im Geburtsdatum haben, ist es – überspitzt ausgedrückt – wichtig, sowohl ein hochspirituelles wie auch ein hochmaterielles Leben zu leben! Das eine geht nicht ohne das andere! Ganz wichtig zu wissen! Weil, wenn Du nur eine Seite lebst, dann kann sich das z.B. mit stärkeren, psychischen und dann auch physischen Problemen zeigen.

Falls Du – neben der 0 – auch noch eine 2 im Datum hast, dann hast Du es speziell mit der Ebenen-Aufgabe 2-0 (Geistbewusstseins-Ebene im Geistibild) zu tun. Mit einer solchen Konstellation ist es wichtig, Dich für die inneren, feinstofflichen Welten zu interessieren.

Es geht auch um viel Bewusstsein. Oft ist es so, dass Menschen mit einer 0 und gleichzeitig einer 2 im Datum, über viel inneres Wissen verfügen, das sie aus früheren Zeiten, mit in dieses Leben genommen haben, besonders solche, die ab dem Jahr 2000 geboren sind.

Auf jeden Fall, das kennst Du sicher gut, also mit der 0 und einer 2 zusammen, da bist Du stark wahr-nehmungsstark (!), sensitiv, und bei Interesse auch medial! Auch kann diese Zahlen-Verbindung 2-0 sehr gemeinschaftsbetont, sozial machen – stärker oder schwä-cher - je nachdem wie Deine restlichen Geburtstags-Zahlen aussehen.

Kommt auch die 1 dazu, dann verfügst Du über die Dreiecks-Verbindung 1-2-0: Es handelt sich da um das sog. geistige, spirituelle Dreieck, im Geistbild.

Mit dieser Dreiecksform, also mit diesen drei Zahlen in Deinem Geburtsdatum, ist es wichtig, Dich sowohl stark für die Persönlichkeits-Entwicklung wie auch stark für die

Bewusstwerdung zu interessieren! Das kann auch eine entsprechende Tätigkeit darstellen.

Nur schon für alle möglichen Kopf-Geist-Tätigkeiten kann dieses Dreieck gute Dienste leisten, z.B. auch viele Ideen generieren.

Hast Du die Zahlen 0, 2 und 6 im Datum, dann ergibt sich eine Dreiecks-Form 2-0-6, was stärker körperbezogen ist. Also, mit dieser Dreiecks-Verbindung ist es sehr wichtig (!) ein gutes Bewusstsein (2-0) über Körperliches (6) zu trainieren.

Falls Du diese drei Zahlen in Deinem Geburtsdatum hast, ist es wichtig, Deinen eigenen Körper zu wertschätzen, zu lieben, gerne auch Körperbetontes – zusammen mit Spirituelles – zu erfahren.

Dann ist noch zu ergänzen, dass wir mit „Datum" und „Geburtsdatum" **NICHT die Grund-Zahl der Quersumme (!)** meinen, sondern die Tages-, Monats- und Jahrgangs-Zahl!

Mögliche Schatten-Seiten (wir bitten Dich, den Fokus auf die Möglichkeiten, Stärken, Potentiale zu legen, danke)

Auf der Schatten-Seite kann es vorkommen, dass Du mit einer 0 im Datum, des Öfteren einen Durcheinander im Kopf im Kopf haben kannst.

Dies kann dann auch in Deiner Psyche entsprechende Auswirkung haben, z.B. schnell wechselnde Launen.

Die 0 kann einige Unruhe, Rastlosigkeit, Betriebsamkeit bringen.

Dies kann besonders DANN der Fall sein, falls noch zusätzlich unruhige 3er und 9er und irgendeine Polaritätsform vorhanden sind.

Mit der 0 ist ein Verzetteln möglich, sozusagen ein „Herumhüpfen". Vielleicht machst Du überall ein bisschen was, aber führst es z.B. nicht zu Ende (...was by the way auch nicht immer wichtig ist, gell?!...).

So kann dies dem Leben entsprechen: Stets sehr spontan, z.B. auch nach dem Lustgefühl, zu agieren!

Vielleicht bist Du z.B wie ein Schmetterling, der an viele verschiedene Blüten geht, so stets viel Abwechslung hat, immer wieder was Neues erfährt.

Kann sein, dass Du mit einer 0 ZU sozial bist, Du zu viel für andere bist, aber zu wenig für Dich selbst?!

Es kann aber auch sein, dass Du das Soziale, das Weibliche, das Mütterliche unterdrückst.

Mit 0er im Datum – kann, wegen dem immer noch … unserer Meinung nach … relativ bescheidenen Gesellschaftsbewusstsein – eine Verweigerungs-Taktik vorhanden sein, „aufzumachen", dies und das, z.B. Feinstoffliches, wahrzunehmen, auch dies und das zu transformieren, zu erkennen, zu lösen.

Ganz ordentlich streng im Leben kann es mit der 0 kommen, falls Du meinst, mit der 0, Dich an allen möglichen Dingen, Situationen, Menschen festklammern, festhalten zu müssen.

Ein Verstricken in irgendwelche Traumwelten, Phantasiewelten ist möglich.

Es kann auch ein tendenzielles Interesse für Realitäts-Fremdes, dann auch Okkultes, Astrales vorhanden sein.

Verschiedenes, z.B. auch Überlieferungs-Angaben

Lasse Dich z.B. nicht durch den Spruch „Du bist eine Null" verwirren.

Wir wissen nicht, wie dieser Spruch entstanden ist, vermuten einfach, dass diejenigen dachten, dass mit der 0 nicht viel Gescheites anzufangen sei.

Du weisst ja inzwischen, dass die 0 sozusagen die vielseitigste Zahlen-Kraft darstellt.

So kann das Leben mit der 0 richtig „aufregend", spannend, so sehr interessant sein.

Natürlich kann es – manchmal – recht anspruchsvoll sein, die Vielfalt, die Unbegrenztheit der 0 optimal kanalisieren zu können.

Die 0 ist eine der wertvollsten Zahlen-Kräfte auf dem Weg zu mehr Bewusstsein, weil die 0 immer wieder dazu drängen kann, Veränderungen, Transformationen zu vollziehen.

Es gibt doch noch einige Menschen, die die 0 nicht sonderlich lieben, weil solche Menschen lieber in der Routine, im Alten, im Bewahrenden verharren möchten.

Im Kreislauf-Geschehen der 10 Grund-Zahlen, stellt die 0 sozusagen das Allwissende dar, also den „Schöpfungs-Topf", die Fülle, alles, was für das spätere WERDEN von Bedeutung spielt.

Mit der Zahl 1 erfolgt eine konkrete Geburt, erfolgt ein Start usw.

Unterschied zwischen der Zahl 0 und der Zahl 10:
Aus dem Nichts, aus dem unbegrenzten Topf 0 entwickelt sich alles Mögliche.

In der 10 gibt es eine Sammlung, eine Zusammen-führung, einen Abschluss.

Die 0 und die 10 haben einige gemeinsame Tendenzen (was die Kraft der 0 angeht).

Im Unterschied zur 0, ist die 10 (wie alle Zahlen zwischen 10 und 19) eine wichtige Persönlichkeits-Entwicklungs-Zahl, wegen der Haupt-Aufgabe 1.

Siehe dazu die späteren Angaben!

Wichtige Gesetzmässigkeiten zweistelliger Zahlen

Hier kommt jetzt was Höchstinteressantes auf Dich zu, wie wir meinen! Denn, jetzt wirst Du gleich sehen, was eben GANZHEITLICHE NUMEROLOGIE bedeutet, nämlich, eine **anständige, würdevolle** Zahlen-Behandlung.

Wir sagen NICHT, dass wir dies IMMER zu 100% tun, aber wir geben uns seit Jahrzehnten Mühe, die Zahlen auf einen würdigen Sockel zu stellen!

Also, jetzt kommt's: Es gibt mindestens DREI interessante Gesetze, die Du in Sachen zweistellige Zahlen anwenden darfst!

Nehmen wir als Beispiel die 10: Die vordere Zahlenkraft, Ziffer, ist hier die 1, wie Du gut sehen kannst. In dieser Lehre stellt die vordere Ziffer die eigentliche Haupt-Aufgabe dar, die zu erfüllen ist.

Logisch, dass so ALLE Zahlen zwischen 10 und 19 die Haupt-Aufgabe **1** kennen!

Ja-a, das ist das GEMEINSAME dieser 10 Zahlen, eben, dass es darum geht, die Aufgabe 1 zu fördern, dies z.B. auch zu einer Stärke werden zu lassen!

Die hintere Zahlen-Kraft, die hintere Ziffer – bei der 10 – die 0, zeigt sozusagen das WIE an, also wie Du eine zweistellige Zahl, bzw. WIE Du die Haupt-Aufgabe angehen darfst oder in anderen Worten, was AUCH NOCH WICHTIG IST ZU BEACHTEN, beim Training, Vorwärtsbringen der 1.

Auch wenn, bei einer zweistelligen Zahl, die vordere Ziffer die Hauptaufgabe darstellt, kann es – manchmal stärker, manchmal weniger stark – zur Tendenz kommen, dass die hintere Ziffer dominant, sozusagen färbend, prägend über die vordere wirkt, Einfluss nimmt!

Das bedeutet demnach z.B. mit der Zahl 10, dass die 10 sozusagen „0er-gefärbt" ist, also stark nach der 0 taktet.

Demzufolge erfahren auch die anderen zweistelligen Zahlen 20, 30, 40, 50, 60, 70, 80 und 90 eine stärkere 0er-Prägung!

Das ist auch der Grund, wieso wir in diesem Werk genau diese zweistelligen Zahlen erklären, weil sie mit der 0er-Thematik zu tun haben, auch wenn die Grund-, Haupt-Aufgabe jedes Mal eine andere ist.

Nun, Du kannst Dir das ruhig auf Deiner Zunge vergehen lassen: DAS IST GANZHEITLICHE ZAHLEN-BEHAND-LUNG!!!

Die 10, die ist also KEINE 1 (1+0 = 1), sondern eben eine 10. Wie auch z.B. eine 31 KEINE 4 ist, sondern eben die

31, mit zwei verschiedenen Zahlenkräften, mit den soeben erklärten Gesetzmässigkeiten usw.

Nicht, dass z.B. die 6 bei der 24 (2+4) keine Bedeutung hat (!) … es ist einfach **NICHT ERSTE Priorität (!)** … also, zuerst gilt es, die soeben beschriebenen Regeln anzuwenden.

<u>Weil, kürzt Du z.B. die Primzahl 41 von Anfang an auf die 5 und machst damit Aussagen, z.B. ohne die 4 und die 1 zu erklären, ja, dann handelt es sich da sozusagen um eine Vergewaltigung der Zahl 41!</u>

Wir wissen, dass wir dies sehr deutlich ausgedrückt haben, aber wir sind interessiert – wie Du weisst – die wunderbaren Zahlen auf einen würdigen Sockel zu stellen!

Aber wir wollen Dir selbstverständlich nicht dreinreden, Dir stets die Wahl lassen, was Dir stimmig oder eben auch weniger stimmig ist anzuwenden!

Numerologie 10

Wie mit allen Zahlen zwischen 10 und 19 geht es mit der Zahl 10 darum, die 1 weiter zu bringen, zu trainieren, zu einer Stärke zu entwickeln, und zwar mit der 0 zusammen.

In dieser ganzheitlichen, tiefgründigen, komplexen Zahlen-Lehre (siehe Geburts-Horoskop) ist Deine Tages-Zahl Dein Steuerrad! Das bedeutet, dass Deine Tages-Zahl, für Dich sozusagen die bedeutendste Zahl ist.

So, falls Du an einem 10., 20. oder 30. geboren bist, dann ist es sehr, sehr wichtig, diese Tages-Zahl zu wert-schätzen, zu lieben, zu trainieren, gerne zu leben, damit Du Dich möglichst wohl fühlst, genug Energie und Motivation im Leben hast!

Auch gilt: Falls Du die 0 NICHT im Tag hast, sondern z.B. im Monat und/oder im Jahrgang, so ist es auch DANN wichtig, möglichst viel aus der 0 zu machen.

Individuelles, Persönliches, die Persönlichkeitsentwick-lung, Selbstverwirklichung, Selbstentfaltung (1) darfst Du mit der 0 angehen.

Es ist also gut, wenn das individuelle Streben, Weiter-kommen, möglichst auf vielseitige Art und Weise, auch mit verschiedenen Veränderungen, Transformationen, Erneue-rungen erfolgen kann.

Du kannst versuchen, mit der 10, zwar für gewisse Dinge, in gewissen Zeiten, Ordnung, Struktur einzusetzen, ABER ansonsten versuchen, möglichst nicht zu verplant durch das Leben zu gehen.

Je mehr Abwechslung Du hast, je vielseitiger Du Dich betätigst (0), desto wohler ist es Dir als Persönlichkeit (1).

Du darfst Dich zu einer souveränen Persönlichkeit entwickeln, die aufmerksam ist, wenn sich was Neues zeigen möchte, die flexibel ist, wenn es darum geht - manchmal auch plötzlich – eine Veränderung zu erleben. Mit der 10 darfst Du eine Persönlichkeit darstellen, die sich nicht zu stark an Dinge, Situationen, Menschen heftet, klammert, bindet.

Die 10 gilt – wegen dem sozialen Einfluss der 0 – auch als typische Mutter-, Behüter-, Beschützer-Zahl. Da können auch Impulse vorhanden sein, z.B. für Tiere und Pflanzen da zu sein. Spricht sich von selbst, dass Du mit der 10 sowohl im Persönlichkeits-Entwicklungs-Bereich, im Personal-Wesen wie auch z.B. im Fürsorge-, Sozial-Wesen gut zu Hause sein kannst.

Da die Zahl 10 aus einer typisch männlichen (1) und aus einer typisch weiblichen Kraft (0) besteht, macht es Sinn, im Leben – mit der 10 – sowohl typisch weibliche wie auch typisch männliche Ausdrucks-Eigenschaften an den Tag zu legen. Manchmal macht es mit der 10 Sinn, eine gesunde Eigenheit zu leben, Individuellem, Persönlichem nachzugehen..., ein anderes Mal ist es gut, das Gemein-schaftliche zu leben.

Die 10 besteht aus Kopf-Zahlen-Kräften, so können hier viele Ideen, Inputs im Spiel sein, es interessant sein, sich mit vielen Kopf-Themen zu beschäftigen.

Interessante Ideen sind am besten aufzuschreiben, weil sonst eine gewisse Tendenz bestehen kann, dass die Ideen sich im Kopf kreisen, da ständig wieder neue Impulse dazu kommen können.

Mit der Zahl 10 kann – je nach Bewusstsein – einiges Interesse für das Jenseitige, Feinstoffliche, innere Welten vorhanden sein. Kann sein, dass Du mit der 10 eine – manchmal – etwas verträumte Persönlichkeit darstellst, die nicht einfach so ohne weiteres einstufbar ist.

Mit einer 10 darfst Du – mehr als z.B. mit der 11, 13, 14, 15, 16, 17, 19 – trainieren, in Sachen persönliche Stärke, Selbstvertrauen weiter zu kommen, weil Du diesbezüglich von der weiblichen, sozialen 0 – in der Regel - nicht viel Unterstützung erhältst.

Gemäss der Überlieferung ist die Zahl 10 das Symbol für das Rad des Lebens, d.h., es geht hier um das Schicksalsrad, Inkarnationsrad, welches das Wirken des Karma über den körperlichen Tod hinaus regelt.

Numerologie 20

Wie mit allen Zahlen zwischen 20 und 29 geht es so auch mit der Zahl 20 darum, die 2 weiter zu bringen, zu trainieren, zu einer Stärke zu entwickeln, und zwar mit der 0 zusammen.

In dieser ganzheitlichen, tiefgründigen, komplexen Zahlen-Lehre (siehe Geburts-Horoskop) ist Deine Tages-Zahl Dein Steuerrad!

Das bedeutet, dass Deine Tages-Zahl, für Dich sozusagen die bedeutendste Zahl ist. So, falls Du an einem 10., 20. oder 30. geboren bist, dann ist es sehr, sehr wichtig, diese Tages-Zahl zu wertschätzen, zu lieben, zu trainieren, gerne zu leben, damit Du Dich möglichst wohl fühlst, genug Energie und Motivation im Leben hast! Auch gilt: Falls Du die 0 NICHT im Tag hast, sondern z.B. im Monat und/oder im Jahrgang, so ist es auch DANN wichtig, möglichst viel aus der 0 zu machen.

Die 2 ist z.B. eine wichtige Kopf-Geist-Zahl, hat aber gleichzeitig stark mit der psychischen Verfassung zu tun. Vielleicht denkst Du, dass dies ein Widerspruch ist?! Nein, das hat mit der Komplexität dieser Lehre zu tun, mit dem Geist-, Seelen- und Körperprinzip, in der die Zahl 2, im Geistprinzip, also im Geistbild, mit dem Kopf zu tun hat, dann, im Seelenprinzip, also im Seelenbild und auch im Körperprinzip, also im Körperbild, stark mit der Psyche, mit der Gemüts-Verfassung zu tun hat. So ist es eine besonders wichtige Aufgabe, mit der 2, ein möglichst bewusstes, konstruktives Denken UND Fühlen zu trainieren!

Dies auf eine möglichst vielseitige Art und Weise, auch immer wieder mit „Updates", mit Veränderungen, neuen Entwicklungen versehen – eben, mit der 0 zusammen. Die 0 zeigt, dass das Kopfleben, das Denken, auch das Fühlen, mit den inneren, feinstofflichen, jenseitigen Welten zu tun haben soll.

Es geht sowieso mit BEIDEN Zahlen – mit der 2 und der 0 – sehr stark um die inneren, unsichtbaren, jenseitigen, geistigen, spirituellen Dimensionen, Welten.

Weil, im Geistbild stellen die Positionen 2 und 10 und somit auch die Möglichkeiten, Aufgaben 2 und 0 auf derselben Ebene, nämlich der sog. Geistbewusstseins-Ebene, die Ebene der inneren, unsichtbaren, feinstofflichen Welten.

Die 20 ist eine der bedeutendsten Bewusstseins-Zahlen überhaupt. Falls Du es mit der 20 zu tun hast, ist es sozusagen Pflicht – nebst allen möglichen anderen Dingen – den Bewusstseins-Weg zu gehen, z.B. dies zur Berufung zu machen, interessiert zu sein, andere Menschen aufzuklären, Bewusstsein zu lehren, zu verbreiten, weil sowieso schon oft ein tieferes, höheres Wissen vorhanden ist.

Nur Dich einfach – gerne – mit dem Kopf zu betätigen, z.B. in der Buchhaltung, Verwaltung, im Controlling, sonst irgendwo, genügt mit der 20 nicht…, da darf ständig trainiert werden zu mehr Bewusstsein zu gelangen!

Die 2 und die 0 spannen in vielen Dingen zusammen, so auch in Sachen Weibliches, d.h., z.B. Empfängliches, Aufnahmefähiges, Anpassendes, starkes Wahrnehmungsvermögen, Vorstellung, Intuition, Mediales, Gemütsbetontes, Soziales, Fürsorgliches, Behütendes, Beschützendes. So kennst Du das selbst sehr gut (von Dir selbst oder von anderen), an einem 20. geboren zu sein, kann enorm viel Sozial-Kompetenz geben. Ganz klar, dass die 20 stark mit Gemeinschaftsbetontem zu tun hat, so auch entsprechende Tätigkeiten aussehen können. Behagliches, Harmonisches, Musisches passt ebenfalls zur Zahl 20.

Die 20 kann Mystisches, Träumerisches, Phantasievolles fördern, was ja gut zur Vertiefung, zur introvertierten Tendenz passt. Mit der 20 geht es vor allem um die inneren Vorgänge, aber wenig um die äusseren Geschehnisse.

Gemäss der Überlieferung ist die 20 die Zahl der Unsterblichkeit / ewiges Leben; Zahl der Geistbewusstseins-Ebene; Zahl der höchsten Welterkenntnis und Weisheit – höchste Stufe geistiger Entwicklung.

Numerologie 30

Wie mit allen Zahlen zwischen 30 und 39 geht es so auch mit der Zahl 30 darum, die 3 weiter zu bringen, zu trainieren, zu einer Stärke zu entwickeln, und zwar mit der 0 zusammen.

In dieser ganzheitlichen, tiefgründigen, komplexen Zahlen-Lehre (siehe Geburts-Horoskop) ist Deine Tages-Zahl Dein Steuerrad!

Das bedeutet, dass Deine Tages-Zahl, für Dich sozusagen die bedeutendste Zahl ist.

So, falls Du an einem 10., 20. oder 30. geboren bist, dann ist es sehr, sehr wichtig, diese Tages-Zahl zu wert-schätzen, zu lieben, zu trainieren, gerne zu leben, damit Du Dich möglichst wohl fühlst, genug Energie und Motivation im Leben hast!

Auch gilt: Falls Du die 0 NICHT im Tag hast, sondern z.B. im Monat und/oder im Jahrgang, so ist es auch DANN wichtig, möglichst viel aus der 0 zu machen.

Die 30 ist eine typische Kopf-Geist-Zahl, sowohl mit der Kraft 3 wie auch mit der Kraft 0, wobei die weibliche 0 eher das Vorstellende, Intuitive unterstützt und die 3 eher das Verstandesbetonte, Rationale, Logische fördert. Nun, weibliche und männliche Kopf-Kräfte können so zu einer grossen, breitangelegten Intelligenz führen. Das ist hier Sinn und Zweck der Sache, den Kopf NICHT einseitig auszurichten. Dies gilt auch für andere, typische Kopf-Geist-Zahlen wie z.B. die 10, 20 und 90. Also, mit der 30 darfst Du sowohl einen gesunden Menschenverstand fördern, z.B. die Dinge, Situationen günstig einschätzen, einstufen, zuteilen, zuordnen, als auch mit Intuition, mit Bauchgefühl vorgehen, je nach Situation. Mit dem Begriff „Kopf-Geist-Zahl" meinen wir das GANZE Spektrum, alle Begrifflichkeiten, in Zusammenhang mit dem Kopf, dem Denken, so auch eben männliches und weibliches Denken, so auch irdisches, materielles wie auch geistiges, spirituelles Denken.

Die Zahlen 0,3 und 9 gehören zu den unruhigsten, rahmenlosesten Zahlen-Kräfte, die es gibt. Vielleicht kennst Du das, mit der 30, da drehen ständig Rädchen, da ist ständig Betrieb, Unruhe, nicht nur im Kopf, sondern auch sonst. Ständig ist was in Bewegung. So ist es gut, mit der 30 ab und zu zur Ruhe finden zu können.

Es ist schon in Ordnung, mit der 30, Dich in Sachen Tätigkeit, Arbeit – was stark mit der 3 zu tun hat – vielseitig, vielschichtig auszurichten, also im Leben verschiedenste Tätigkeiten und Hobbys auszuüben. Mit der 30 ist es gut, nicht die ganze Zeit das gleiche zu tun. Tatendrang, Tatkraft, Wille, Arbeitsweise (3) können oft in unterschiedliche Richtungen gehen, auch manchmal plötzlich eine Änderung erfahren.

Die 3 ist eine der wichtigsten Entwicklungs-Kräfte, die es gibt. Mit der 0 zusammen, ist es gut, vielerlei Entwicklungen zu fördern.

Mit der fürsorglichen 0 ist z.B. Entwicklungs-Hilfe aller Art interessant. Mit der 30 ist es günstig, in Deine Tätigkeiten (3), Soziales (0) hinein zu bringen.

Freiheit und Unabhängigkeit kann mit der 3 eine grosse Rolle spielen. Vielleicht ist das mit der 0 zusammen, ein bisschen abgeschwächt, weil eben die 0 das Gemeinschaftsbetonte fördert.

Du kannst mit der 30 eine anregende, lebendige Rolle spielen, auch z.B. bei anderen Menschen einiges auslösen, z.B. auch einiges in eine interessante Entwicklung bringen.

Falls Du magst, ist es gut, mit der 30, mehr oder weniger nach dem Lust-Prinzip zu leben, d.h., eine Tätigkeit eine Zeitlang zu tun, dann aber – immer wieder – Dich ständig mit anderen Dingen zu beschäftigen, wie ein Kleinkind…, nie lange bei derselben Sache zu bleiben. Nix soll hier zu fix, zu fest, zu starr, zu förmig sein.

Gemäss der Überlieferung ist die 30 die Zahl des schöpferischen Wollens, Zahl aller Energien, Rhythmen, Dynamiken.

Numerologie 40

Wie mit allen Zahlen zwischen 40 und 49 geht es so auch mit der Zahl 40 darum, die 4 weiter zu bringen, zu trainieren, zu einer Stärke zu entwickeln, und zwar mit der 0 zusammen.

Es gibt ZWEI Zahlenkräfte, die einige Menschen nicht sehr schätzen (meist unbewusst)…, das ist die 4 und die 0. Hier, in der 40, haben wir diese beiden wertvollen Zahlen vereint.

Die 4 lieben viele nicht, weil es da immer u.a. darum geht, tiefer zu blicken, gerne hinter die Dinge zu sehen, immer wieder eine eigene Schattenmuster-Angelegenheiten zu erkennen und zu lösen.

Mit der 0 können sich viele nicht anfreunden, weil es wichtig ist, ab und zu Veränderungen, Umstellungen, Transformationen, Erneuerungen zu erfahren.

So kannst Du Dir vorstellen, dass die 40 für viele so eine Art „Test-Zahl" darstellt, z.B., wie viel zu ertragen ist.

Ja-a, die 40, die kann – noch vorhandene Probleme, Schatten-Muster, irgendwelche Verdrängungen, noch Ungelöstes – plötzlich, überraschend, ohne Vorwarnung – auf den Tisch bringen.

Das ist sehr speziell an dieser Zahl, dieses Unerwartete, die dies und das, sozusagen „aus heiterem Himmel" auslösen kann.

Hm, mal ein bisschen ironisch ausgedrückt, mit der 40, da musst Du KEINE Angst haben, NICHT an noch vorhandene Probleme erinnert zu werden!

Daher, wer die 40 wertschätzt, der kann es SEHR WEIT bringen, sowohl in Sachen Erkenntnisse und auch Lösungen und demzufolge auch im Bewusstsein!

Lösungen können – wegen der 0 – sehr vielseitiger, vielschichtiger Natur sein.

Die 0 zeigt, dass es gut ist, so viele Lösungs-Ansätze wie auch möglich, zu probieren, zu fördern.

Je bewusster Du mit der 40 lebst, desto exzellenter und auch gefragter kann z.B. Dein Berater-Status sein.

Du kannst die 40 z.B. in Deinem Jahrgang haben, dann z.B. als Quersumme, z.B. mit dem Datum 17.5.1989, oder die 40 kann z.B. auch als Auftretens-Fenster auftreten usw.

Ja-a, mit der 40, da kommst Du nicht darum herum – nebst allen möglichen Alltags-Beschäftigungen – den Erkenntnis-, Lösungs-, Bewusstseins-Weg zu gehen, weil

Du sonst immer wieder gebremst bist, z.B. auch immer wieder in eine Art Opferhaltung verfallen kannst.

Wir sagen mal, für „Normal-Menschen", also für solche, die einfach so durch den Tag gehen, im Leben „Blau" machen wollen, ist die 40 eher eine lästige Zahl.

Wohlgemerkt: Die Zahl 40 ist weder gut noch schlecht, sie fordert, HINZUGUCKEN, z.B. plötzlich auftauchende Probleme zu lösen und zu erkennen.

Das Träumerische, Vertiefte, auch Soziale, Fürsorgliche – vor allem wegen der 0 – spielt bei der 40 eine grosse Rolle.

Du darfst üben, mit dieser Zahl, gerne möglichst frei, offen aus Dir heraus zu kommen, besonders wenn Du die 40, generell die 4, im Geburtsdatum hast.

Also, mit der 40 darfst Du Support-Experte, Berater, Unterstützer für VIEFÄLTIGSTE Probleme sein.

Aus der Überlieferung ist Folgendes bekannt: Die Zahl 40 symbolisiert den Hüter der Schwelle.

Dieser wacht darüber, welche Seelen aus dem Kreislauf der Inkarnationen ausscheiden können, bzw. wer dafür als reif befunden wird.

Numerologie 50

Wie mit allen Zahlen zwischen 50 und 59 geht es so auch mit der Zahl 50 darum, die 5 weiter zu bringen, zu trainieren, zu einer Stärke zu entwickeln, und zwar mit der 0 zusammen.

Nur, bei sogenannten „Polaritäts-Zahlen", tendieren wir dazu, die beiden Zahlen-Kräfte etwa gleich stark zu gewichten, WEIL es darum geht, einen AUSGLEICH, eine Balance zu schaffen.

Es ist schon in Ordnung zu sagen, dass ALLE Zahlen zwischen 50 und 59 stark mit dem Materiellen, Bodenständigen, Fundamentalen, Realen zu tun haben, ABER besonders mit der 50, ist es EBENSO WICHTIG, die „Gegenseite", also das Immaterielle, Innere zu pflegen, also sich für das Jenseitige, Spirituelle, Feinstoffliche zu interessieren.

Mit der 50 ist es also wichtig, gleichzeitig eine Art hochmaterielle und eben auch eine hochspirituelle Haltung an den Tag zu legen.

Gerade mit der 50 kannst Du Dir das eine ohne das andere nicht leisten, weil es sonst zu erheblichen, gesundheitlichen Belastungen, vorerst psychischer Art, führen kann.

Viele Menschen, mit Jahrgang 50 – oder auch mit den Zahlen 0 und 5 (gleichzeitig) im Geburtsdatum, gehen zuerst, bis ungefähr 45-50, den materiellen Weg und nachher dann den geistigen.

Wir empfehlen Dir, schon von Anfang an, sowohl Materielles wie auch Geistiges zu pflegen … ist angenehmer, ist einfacher!

Trotz der grossen Bandbreite der 50, zwischen Innen- und Aussenwelten, ist es nicht falsch zu sagen, dass es gut ist, typisch Irdisches, Materielles, Alltägliches möglichst vielseitig, vielschichtig zu begehen, da Verschiedenes auszuprobieren, auch z.B. verschiedene Tätigkeiten auszuüben.

Generell, alle Zahlen zwischen 10 und 90, geben tendenziell einige Arbeit, weil es immer um eine möglichst vielseitige Betätigung der Haupt-Aufgabe geht, der vorderen Ziffer.

Es macht mit der 50 keinen Sinn, zu viel Ordnung, Struktur zu schaffen, weil die 0 rahmenloser, unbegrenzter, unendlicher Natur ist. Also, mit der 50 darfst Du sowohl bewahrende wie auch veränderungsfördernde Tendenzen pflegen. Aber, es wäre eben ungünstig, mit der 50, ständig mit Plan, Berechnung, Konzept, Struktur, Ordnung, Systematik vorzugehen … wie es auch nicht zu empfehlen ist, alles Mögliche STÄNDIG laufen zu lassen, strukturlos, planlos zu tun.

Ja-a, das ist eine komplexe Geschichte, mit der 50, generell mit allen Polaritäts-Zahlen, 16, 27, 38, 49, 50, 61, 72, 83, 94 usw.!

Je mehr Du es schaffst, mit dem Materiellen und Immateriellen, auch z.B. dem Bewahrenden und Ver-änderungsbetonten in der Balance zu sein, desto wohler ist es Dir!

Die 50 spielt – übergeordnet – eine wichtige Rolle in Sachen Übergang, und zwar von Deinem ersten Leben in diesem Leben („Haus-Aufgaben erfüllen"), in das zweite Leben in diesem Leben (dient zur möglichst freien Ent-faltung)!

So spielt das Alter – in Sachen Zahlen – ebenfalls eine Rolle. Du darfst da übrigens selbst festlegen, autorisieren (!), ob Du eher nach dem Lebensjahr-Prinzip gehen möchtest oder ob es Dir lieber ist, nach den gängigen Geburtstagen Dich zu orientieren.

Beispiel: Falls Du sagst, „ich bin 50", bedeutet dies eben, dass Du Dich schon im 51. Lebensjahr befindest.

Gemäss der Überlieferung ist die 50 die Zahl der Fülle, Üppigkeit. Es ist auch die Zahl der guten Sitten, geheiligter Anschauungen, moralischer Rechtsempfinden und Tendenz zu neuen Erkenntnissen.

Numerologie 60

Wie mit allen Zahlen zwischen 60 und 69 geht es so auch mit der Zahl 60 darum, die 6 weiter zu bringen, zu trainieren, zu einer Stärke zu entwickeln, und zwar mit der 0 zusammen.

Mit der 60 darfst Du auf vielfältigste Weise Dein Körper-Bewusstsein fördern.

Du kannst alles Mögliche ausprobieren, was Dir weiterhelfen kann, in Sachen gutes Körperverständnis.

Wie mit allen Zahlen – besonders von 60 bis 69 – ist es wichtig, Deinen Körper zu lieben, zu wertschätzen, Dich mit ihm täglich zu unterhalten.

Du darfst Dich immer wieder bei Deinem Körper bedanken, versuchen zu spüren, zu wissen, was Dein Körper braucht, was er Dir alles mitteilen möchte.

Du darfst Abwechslung hinein bringen, z.B. verschieden-artige Massagen und z.B. Energie-Arbeiten erleben.

Es ist gut, mit der 60, eine möglichst vielseitige Sexualität, andere körperbetonte Ausdrucks-Formen zu erleben.

In Sachen Körperliches, Körperausdrucks-Formen, kann es gut sein, verschiedene Transformationen zu erleben.

Die 60 gilt auch als eine Zahl der spontanen, impulsiven Freude, Begeisterung, Leidenschaft.

Aber, an dieser Stelle ist zu sagen, dass noch längst nicht alle, temperamentvoll, begeisterungsfähig sein können.

Einerseits kannst Du mit der 60 vielen Menschen eine Freude machen, andererseits ist es gut, zu wissen, dass nicht alle Menschen die gleiche Freude für die gleiche Sache aufbieten können.

Mit der 60 ist unbekümmertes, spontanes, auch z.B. plötzliches, überraschendes, z.B. auch unberechenbares Handeln möglich.

Da die 0 keine Struktur kennt ist mit der 0 die Planmässigkeit weniger gefragt ...auch nicht unbedingt die Beständigkeit.

Mit der 60 ist es möglich, mit vollem Herzblut, mit grosser Leidenschaft dies und das zu bewerkstelligen, auch wenn es vielleicht keine grosse Dauer hat.

Falls Du es selbst mit der 60 zu tun hast, ist es gut, wenn Dir bewusst ist, für welche Dinge Du Deine Kräfte einsetzest.

Die Zahl 60 hat viel mit dem Kräfte-Haushalt zu tun.

Da ist zu schauen, nicht Energien, Kräfte für Dinge zu verpuffen, die sich nicht lohnen.

Die 60 ist auch eine wichtige Zahl des Praktischen, Handwerklichen, was mit der 6 zu tun hat.

Auch hier kann es Sinn machen, wegen der vielseitigen 0, verschiedene Handwerks-Tätigkeiten auszuführen.

Die Zahl 60 besteht aus einer typischen Kopf-Geist-Zahl, der 0 und einer typischen Praktiker-Zahl, der 6.

So kann es – generell gesehen – Sinn machen, BEIDES gerne zu fördern, also Kopf-Geistbetontes wie auch Praktisches, Handwerkliches.

Gemäss der Überlieferung ist die 60 die Zahl von Jehova / Gott. Symbolisch der physische Ausdruck der göttlichen Lebenskräfte auf der irdischen Welt.

Numerologie 70

Wie mit allen Zahlen zwischen 70 und 79 geht es so auch mit der Zahl 70 darum, die 7 weiter zu bringen, zu trainieren, zu einer Stärke zu entwickeln, und zwar mit der 0 zusammen.

Wie Du schon von der 7 her weisst (oder dann im entsprechenden Werk erfahren wirst), ist diese Zahlen-Kraft eine der wichtigsten, in Sachen Lebensfreude, Lebensgestaltung. So ist es wichtig, mit der 70, Lebensfreude, Lebenslust zu trainieren, gerne in dieser Inkarnation zu stehen, gerne zu versuchen, möglichst viel aus diesem Leben zu machen.

Die 7, das ist sozusagen die zweitmächtigste Zahlen-Kraft, die es gibt. So kann es auch mit der 70 wichtig sein, z.B. einen gesunden Stolz, eine gesunde Würde, Erhabenheit, Ausstrahlung, dann auch Macht, Einfluss, Erfolg, Führung weiter zu bringen.

Nur, jetzt, mit der 0 zusammen, kann dies vielleicht ein bisschen kompliziert sein, weil es nun mit der 70 nicht nur darum geht, vorwärts zu kommen, Dich zu zeigen, nach aussen erfolgreich, einflussreich zu sein, sondern auch das Interesse zu zeigen, immer wieder mal, auf dem erfolgreichen Lebensweg, Anpassungen, Korrekturen, Ver-änderungen vorzunehmen.

Was wir sagen wollen: Mit der 70 ist es kaum möglich, immer den gleichen Erfolgsweg zu gehen, z.B. immer das Gleiche zu tun, auf einem engen Schienen-Weg zu gehen. Das ist also eine anspruchsvolle Geschichte, mit der 70, zu realisieren, zu spüren, dass eine Richtungs-Änderung angesagt ist, dass es Zeit ist, wieder was anderes zu tun, wieder andere Wege einzuschlagen.

Besonders mit den Zahlen 70, 72 und 74 macht es Sinn, manchmal im Leben inne zu halten, zu reflektieren, zu schauen, ob der eingeschlagene Weg (noch) stimmt.

Die 70 ist deswegen eine typische Lebens-Transformations-Zahl. Die 70 hat so rein gar nichts mit Lebensroutine, nix mit Festem, Fixem, goar nix mit unveränderlichen Lebenssituationen zu tun.

Du tust Dir einen Gefallen, mit der 70, möglichst im Fluss zu sein, plötzliche Veränderungen im Leben, z.B. im Job, im Wohnen, in Sachen Kontakte, „mitzumachen", also Dich nicht dagegen zu stemmen, zu sträuben. Ja-a, die 0, so auch die 70, die kann schon einige Überraschungen in Dein Leben bringen.

Diese Zahl möchte Dich dazu anregen, in Sachen Tätigkeiten, z.B. auch Hobbys, das Kreislaufprinzip anzuwenden.

Da geht es also darum, immer wieder mal was Neues zu starten, dies eine Zeitlang zu tun, um es dann, wieder –

irgendwann – abzuschliessen, um anschliessend wieder was Neues zu beginnen, dies eine Weile zu tun usw.

Wie alle Zahlen, zwischen 70 und 79, kann so auch die Zahl 70 einen starken Naturbezug geben. Es kann interessant sein, mit der 70, ab und zu alleine in die Natur hinaus zu gehen, um dort z.B. über das bisherige Leben zu reflektieren ... dies möglichst spielerisch.

Sehr, sehr wichtig (!) – das ist BEI WEITEN der Preis ALLER 10 Taschenbücher über die einstelligen 10 Zahlen wert – ist, mit der 70, präventiv, vorsorglich, z.B. mit der genialen Fussreflexzonen-Massage, für möglichst viel Zirkulation und Durchblutung in Deinen Füssen zu sorgen, damit sich keine Ablagerungen, Verstopfungen bilden können (sowieso wichtig, falls Du 0er und 7er im Geburtsdatum hast!

Aus der Überlieferung ist Folgendes bekannt: Die 70 ist die Zahl der Einsamkeit und des Exils. Sie ist Symbol zwischen Verharren und Verlöschen.

Sie kann höchste Bereitschaft geben, die Lebensprobleme zu durchschauen und sich deren Aufgaben bewusst zu werden.

Numerologie 80

Wie mit allen Zahlen zwischen 80 und 89 geht es so auch mit der Zahl 80 darum, die 8 weiter zu bringen, zu trainieren, zu einer Stärke zu entwickeln, und zwar mit der 0 zusammen.

Es sollten, bei diesen Entwicklungen, einfach keine Grenzen vorhanden sein, also, da gilt es alles Mögliche, in Bezug zur 8, auszuprobieren, viel Abwechslung zu haben, immer wieder Neues zu erleben.

Trotz der Wandlungs-Zahl 0 können wir uns vorstellen, dass viele die Zahl 80 mögen, vielleicht auch Du, solltest Du z.B. den Jahrgang 80 haben.

Denn, mit der 0 geht es ja darum, die 8 in allen möglichen Facetten, also sehr abwechslungsreich zu leben, manchmal, mit den Themen der 8, auch Veränderungen zu erleben, z.B. Veränderungen im Kunstschaffen, z.B. Veränderungen in Sachen Genuss-Vorlieben, z.B. Veränderungen in Sachen Kontakte usw..

Z.B. Genussvolles, Geruhsames, das SEIN, so auch manchmal bequem zu sein, zu faulenzen, nichts zu tun, das sollte relativ einfach gehen, mit der 80.

Vielleicht ist es ein bisschen anspruchsvoller, z.B. Harmonisches, Friedliches, Gemeinschaftsbetontes zu fördern. Da darfst Du checken, ob Du z.B. schon in Frieden, in Harmonie mit Deiner Vergangenheit bist, z.B. mit Deinen Eltern usw.

Die 80 ist äusserst weiblicher, sozialer, fürsorglicher, empfänglicher Natur, weil BEIDE Zahlen, sowohl die 8 wie auch die 0 zu den sanftesten, weiblichsten Zahlen-Kräften gehören.

So können Soziales, Fürsorgliches, Behütendes, Beschützendes – z.B. auch Tiere und Pflanzen – dann Friedensbemühungen, Harmonisierungen eine grössere Rolle spielen.

Du kannst es so auch als entsprechende berufliche Tätigkeit ansehen … die 80, die kann viel Sozial-Kompetenz verleihen.

Die Zahlen 80 bis 89 haben VIEL mit Party machen zu tun, hat also stark mit dem Genuss-, Freizeit- und Vergnügungs-Wesen zu tun.

So ist es richtig, falls Du mit der 80 gerne, z.B. im Handel, im Gastgewerbe oder z.B. Wellness-Wesen oder sonstigen Bereichen tätig bist, wo das Genussleben eine grosse Rolle spielt.

Mit der 80 können, wegen der 0, stärkere Phantasien, Träume, so auch z.B. jenseitige Welten im Spiel sein.

Träume und Phantasien, in eine konstruktive Richtung gelenkt, können durchaus interessant sein, nicht wahr?!

Du kannst z.B. mit der 80 üben, möglichst viele innere Bilder zu sehen, die Dir z.B. helfen können, eine Eigenschaft und/oder eine Tätigkeit, in der Zukunft, zu erreichen.

Vielleicht ist Sensitivität, Mediales im Spiel; auf alle Fälle kann die Empfänglichkeit mit der 80, stark sein.

Mit der 80 darfst Du lernen, nicht zu passiv zu sein, nicht zu viel zu wünschen, nicht zu viel zu erwarten.

Am besten ist es, falls Du was erreichen möchtest, stets den ersten Schritt zu tun, nicht zu lange zu warten, weil sonst tendenziell NICHTS geschieht.

Gemäss der Überlieferung ist die 80 die Zahl der materiellen Scheinwelt und himmlischen Seligkeit.

Die 80 ist die Symbolzahl für alles Vergängliche und Wechselhafte aller Werte.

Numerologie 90

Wie mit allen Zahlen zwischen 90 und 99 geht es so auch mit der Zahl 90 darum, die 9 weiter zu bringen, zu trainieren, zu einer Stärke zu entwickeln, und zwar mit der 0 zusammen. Die Zahlen 9 und 0 gehören zu den vielseitigsten Zahlen-Kräfte, die es gibt. Hier sind sie nun vereint.

Symbolisch sehen wir die Zahl 90 als typisches „Vogel-Prinzip". Mit dieser Zahl ist es wichtig, sozusagen FREI überall hinfliegen, hinreisen zu können, ohne irgendwelche Einschränkungen.

Die 9 an sich, steht ja schon sehr stark – zusammen mit der 3 – für möglichst viel Freiheit, Unabhängigkeit.

Du verstehst sicherlich, dass die 90 praktisch keinen Rahmen kennt, bzw., falls Du es selbst mit dieser Zahl – an einer wichtigen Stelle, z.B. Jahrgang – zu tun hast, es wichtig ist, dass es Dir gelingt, Dich so frei wie möglich zu bewegen.

Es geht darum, Dich aus allen möglichen, noch vorhandenen „Gefängnis-Situationen" zu befreien, Dich auszudehnen, auszubreiten, also KEINE Einengungen, Unterordnungen, Einschränkungen zu erleben!

Luftig, leicht, locker, verspielt, flockig, spielerisch, spontan, unbekümmert … das soll die Devise mit der unendlichen 90 sein

Du siehst, obwohl die 9 männlicher Natur und die 0 weiblicher Art ist, gibt es hier (trotzdem) eine Art Verstärkung, eben in Sachen Unbegrenztes, Formloses!

Die 90 – wie alle Zahlen von 90 bis 99 – kann eine wichtige Rolle in Sachen Lernen, also Wissenserwerb haben.

Du kannst mit der 90 versuchen, Dir möglichst BREITES, vielseitiges Wissen anzueignen, um so zu einer möglichst breitgefassten Intelligenz zu gelangen.

Mit der 90 kann es nicht nur interessant sein, zu mehr Wissen zu gelangen – ist übrigens (wie schon die 10, 20 und 30) eine typische Kopf-Geist-Zahl – sondern auch (mit der Zeit) alles mögliche Wissen weiter zu geben, weiter zu vermitteln.

Die 90 ist eine wichtige Kommunikations-, Repräsentanten-, Dienstleistungs-Zahl. Da geht es um das Hinaussenden, da geht es darum, Dich zu zeigen, Dich ins Szene zu setzen.

Das könnte hier, mit der 90, vielleicht etwas weniger typisch sein, da die 0 eine stark innenbezogene Zahl ist, die z.B. Mystisches, Träumerisches, Phantasievolles, Unbestimmtes zeigen kann.

Weil mit der 9 immer auch das Reisen, fremde Länder, fremde Kulturen (auch die entsprechenden Mittel, also das ganze Transport-Wesen, inklusive das Technische) interessant sein kann, gibt es hier zu sagen, dass Du, falls Du mit Reisen, mit dem Ausland, z.B. auch mit Fremdsprachen usw. zu tun hast, dies auf eine möglichst vielseitige Art ausführen kannst.

Ja-a, die 0, die zeigt KEINE Grenzen, die lässt alles Mögliche zu; da geht es stets darum, immer wieder Neues auszuprobieren, hier in Zusammenhang mit der 9.

Es kann, mit der 90, durchaus auch unruhig, hektisch, betriebsam zu und her gehen, weil da ständig „Rädchen drehen"; die Zahl 90 ist DEFINITIV KEINE Zahl der Ruhe!

Mit der 90, gibt es, wegen der 0, auch soziale, fürsorgliche Tendenzen.

Aus der Überlieferung ist Folgendes bekannt: Die Zahl 90 scheidet die Geistwesenheit aus dem Stoff und nimmt die Gerechten ab von ihrem Kreuz, deshalb die Zahl der Kreuzabnahme. Die Kreuzabnahme erfolgt bei denjenigen, welcher der Hüter der Schwelle durchgelassen hat.

Numerologie 100

Du kannst es Dir sicher gut vorstellen dass die Zahl 100 eine höchst vielseitige Zahlenkraft darstellt, weil hier ja gleich ZWEI 0er in einer einzigen Zahl vorhanden sind.

Die Frage ist hier, ob eine solche Zahl überhaupt zu deuten ist?

Nun, da die 100 wirklich fast nicht zu greifen, zu fassen ist, können wir einfach ansatzweise ein paar interessante Punkte anführen.

Also, so ein bisschen etwas dazu sagen, können wir schon, auch wenn viele Entwicklungen mit der Zahl 100 überraschender und auch unbekannter Natur sein können.

Du kannst, falls Du möchtest, die 100 (wie schon die 10) als eine Art ZEITPHASE (!), dann auch „Sammel-Punkt, Sammel-Becken, auch als eine Art Ende eines Kreislaufs betrachten.

Dies, z.B. für einen bestimmten Zeit-Abschnitt:

Z.B. von 2000 bis 2099 geht es stark um das Weiterbringen der 20 (nachher folgt ja die 21),

Die Abschluss-Rolle – gerade in Sachen Bewusstsein – ist in dieser Lehre VOR ALLEM den Zahlen 110, 111, 112 und 113 zugedacht.

Mit der 100 kann viel Hingabe, also Fürsorgliches, Soziales, Weibliches im Spiel sein, da ja gleich ZWEI 0er eine Rolle spielen.

Die – eigentlich – eigensinnige Zahl 1 ist da schon ganz schön versteckt, hinter den beiden 0er.

Die 100 kann stark Mystisches, Träumerisches, Phantasievolles fördern.

Mit dieser Zahl kann das Interesse für das jenseitige, feinstoffliche Geschehen sehr gross sein.

Gemäss der Überlieferung ist die 100 die Symbolzahl der erhöhten Wandlung, zur Neuschöpfung und seelischen Wiedergeburt.

Numerologie 110

Dreistellige Zahlen, mit einer 0 an hinterster Stelle, so auch die 110 unterliegen – zumindest was diese ganzheitliche Zahlen-Lehre betrifft – einer speziellen Regel.

So gibt es, mit der 0, als hinterste Ziffer, die Aufgabe, die beiden vorderen Zahlen-Kräfte, hier also die beiden 1er, so die 11, BESONDERS GUT zu leben.

Die 11, die ist hier sozusagen „unterstrichen", darf eine besonders genaue Anwendung erfahren.

Es handelt sich so um die Aufgabe 11, einfach verstärkt.

Damit geht es stark um die Aufgabe 1.

Wobei wir schon sagen müssen, dass GERADE DIESE dreistellige Zahl was Besonderes ist, also nicht nur diese Sonderregel zum Tragen kommt.

Es ist gut, mit der 110 – Du kannst diese Zahl z.B. als Geburtstags-Zahlen-Total haben (10.8.1992) – Individuelles, Persönliches, auch dann Geistiges zu einer Meisterschaft zu bringen.

Sozusagen übergeordnet gesehen, ist die Zahl 110, zusammen mit den Zahlen 111, 112 und 113, eine besonders wichtige Abschluss-Zahl.

Da ist es wichtig, gerne höhere Ziele zu erreichen, also zu einem genialen Abschluss, zu einer genialen Ernte zu gelangen.

Wie immer, wenn die 11 auftaucht, kann es wichtig sein, eine Art Geburtshelfer-Rolle zu haben.

Du kannst Dich mit der 11 als Starthelfer sehen, der dies und das gründet, initiiert.

Sehe Dich auch als genialen Ideengeber.

Mit der 11 ist es auch erlaubt, Witziges, Originelles, Schauspielbetontes zu zeigen.

Das Überlieferungs-Wissen bringt Folgendes ins Spiel:

Die 110 ist die geistige Verwirklichung der Adepten-Zahl 55, die erhöhte erdplutonische Zahl 11.

Es ist die von Karma befreite Seelenzahl.

Dreistellige Zahlen

Da nehmen wir immer wieder gerne die Zahl 123 als Beispiel:

Du kannst diese Zahl als 3 zusammen mit der 12 sehen oder auch als 1 zusammen mit der 23 betrachten.

Mit „3 UND 12" kann es z.B. darum gehen, Dynamik, Schwung, Entwicklung (3) in die 12, in die vertiefte (2) Persönlichkeits-Entwicklung (1) zu geben.

Mit „1 UND 23" ist es gut, Inputs, Ideen, Starts (1) für die gedankliche (2) Entwicklung (3) zu vermitteln.

Du kannst es Dir aber einfacher machen, einfach, bei dreistelligen Zahlen, zwei zweistellige Zahlen deuten:

Hier geht es also um die 12 (z.B. vertiefte Persönlichkeits-Entwicklung) und um die 23 (z.B. intuitive und verstandesbetonte Analyse).

Oder, noch einfacher, Du kannst sagen, „hm, die hinterste Ziffer möchte doch den Ton angeben, deshalb ist die 123 aktivierender, anregender, entwicklungsfördernder, willensstarker, verstandesbetonter Natur".

Und alle drei Zahlenkräfte sind kopf-geistbetonter Natur.

Du kannst auch hingehen, z.B. hier sehen, dass eine Art Zahlen-Reihe vorhanden ist, die Zahlen 1,2 und 3.

Dies bedeutet, dass diese Zahl sehr stark mit allen möglichen Entwicklungen zu tun hat (1 = Idee, 2 = Planung, 3 = Entwicklung).

Dreistellige Zahlen mit einer 0 am Schluss – eine Art Sonder-Regel – betonen IMMER die vorderen beiden Zahlenkräfte.

Sie geben die Aufgabe, diese besonders genau zu leben, z.B. bei der 170, die 17 besonders genau zu betrachten, zu leben.

Dreistellige Zahlen mit einer 0 in der Mitte haben Wandlungs-Charakter, besonders die Zahlen 101 – 109.

Sie sind nicht einfach ohne weiteres leicht deutbar, weil die 0 vieles offen lässt.

Vierstellige Zahlen

Beispiele mit den Zahlen 2019 und 1457

Bei den vierstelligen Zahlen gilt zweierlei zu beachten, nämlich, tritt sie, wie hier, als Kalender-Zahl auf oder ist es eine sonstige Zahl.

Nun, da die 2019, eben eine typische Kalender-Zahl ist, zeige ich Dir, was es hier zu beachten gilt.

Die 2, die spielt hier eine übergeordnete Rolle, Einfluss, und zwar für 1'000 Jahre, nämlich von 2000 bis 2099.

Die 0, die zeigt hier die übergeordnete Idee für 100 Jahre, nämlich von 2000 bis 2099.

Die 1 prägte die Jahre zwischen 2010 und 2019.

Und schlussendlich die 9, die hat mit der Jahres-Thematik zu tun, war für 2019 sozusagen der „Jahres-Regent".

Wenn es darum geht, eine „normale vierstellige Zahl, z.B. die 1457, zu betrachten, dann darfst Du ruhig auch ein bisschen „kreativ" sein.

Du darfst, stärker als sonst, auch nach Deiner Intuition gehen!

Schaue dabei z.B. auf Deine ersten Gedanken und Gefühle, ohne natürlich die Zahl völlig zu fälschen, zu verstellen…, versteht sich von selbst :).

Du kannst die 14 und die 57 oder z.B. die 17 und die 45 betrachten.

Wie schon bei zwei- und dreistelligen Zahlen kann auch hier die hinterste Ziffer dominant über den Rest wirken.

Bei dieser Zahl ist es die lebensfördernde 7, die sozusagen die Qualität der ganzen Zahl färben kann.

Du kannst z.B. auch schauen, ob es eine Primzahl ist oder nicht…, kannst, falls es keine Primzahl ist, schauen, wie die „innere Substanz" aussieht:

$$1457 = 31 \times 47$$

Du kannst auch z.B. die wirksamsten, einflussreichsten Zahlen-Kräfte, das vital-magische Dreieck 1-5-7 darin erblicken usw.

Mit den kompakten Zahlen 4 und 5 ist z.B. auch das Thema Rahmen, Struktur, Ordnung, Systematik gegeben.

Deine Quersumme: Drei praktische Anwendungs-Möglichkeiten

Hier bekommst Du DREI praktische Anwendungs-Möglichkeiten mit Deiner Quersumme!

Du kannst ALLES selbst ausrechnen und deuten, OHNE hierfür einen Kurs besucht haben zu müssen.

Anwendung 1

Du kannst die Quersumme, auch Impuls-Zahl genannt, sozusagen als übergeordnete Information anschauen, und zwar in Bezug auf Anregungen, vor allem für Deinen Kopf-Geist-Bereich.

Hier, was dieses Werk betrifft, geht es um die Quersummen 10 oder 20 oder 30 oder 40.

<u>Du findest die Bedeutung dieser Zahlen in diesem Buch oder auch z.B. auf meinem Youtube-Kanal, Link siehe am Schluss dieses Werks.</u>

Beispiel: Angenommen, Du hast es mit der Quersumme 40, für Dein Geistprinzip, bzw. Geistbild zu tun, z.B., falls Du an einem 19.9.1956 geboren bist – 1+9+9+1+9+5+6 = **40** – dann bekommst Du Impulse, Anregungen für Deinen Kopf, auf vielseitige Weise, tiefer zu blicken, gerne hinter die Dinge zu sehen, gerne tiefere Zusammenhänge zu erkennen, z.B. auch gerne irgendwelche Probleme zu lösen. Diese Quersumme ist z.B. nützlich für Menschen, die gerne eine beratende Rolle für den Kopfbereich, Geistbereich anbieten möchten.

Anwendung 2

Es ist zwar kein Garantieschein, aber die Tendenz ist vorhanden, dass Du mit Deiner Quersumme eine spezielle Verbindung ... Gleichklang, gleiche Wellenlänge, Anziehungsmoment ... mit jemanden haben kannst, der – um beim Beispiel in diesem Kapitel zu bleiben – wie Du ebenfalls die 40 als Quersumme hat!

Eine solche Verbindung kann interessant sein, falls Du wünscht, Dich mit jemanden vor allem kopfbezogen, geistig auszutauschen. Das ist z.B. interessant, falls Du mit jemandem ein Studium machst..., ein ganz „normales" oder eben auch z.B. ein spirituelles.

Der Vorteil einer solchen Verbindung kann sein, dass wenn man mal Meinungsverschiedenheiten hat, es doch immer wieder zu einem guten Ende kommen kann, weil man das Gefühl der (inneren, höheren) Verbindung haben kann.

Selbst wenn die Quersumme nicht die gleiche ist, aber die Grundzahl dieselbe – Du z.B. die 40, die andere Person z.B. die 31 – dann ist zumindest die Grundzahl dieselbe

(3+1 = **4** ... und 4+0 = **4**). Also: Die Verbindungs-Tendenz ist IMMER noch vorhanden, aber einfach – normalerweise – weniger stark, als wenn auch noch die Quersumme dieselbe ist.

Übrigens, falls Du die Module 4 (Seelenbild) und 5 (Körperbild) erarbeitest, hast Du auch die Verbindungs-Angaben auf der psychischen und auch auf der physischen Ebene (...für diese Lehre, die das Geist-, Seelen- und Körperprinzip kennt, gibt es noch zwei weitere Quersummen, eben, die zweite für das Seelenbild, dann die dritte für das Körperbild).

Anwendung 3

Deine Quersumme hat auch mit Deinem Alter zu tun. In der Regel – also auch wieder die Tendenz (!) - ist es den Menschen möglich, nach Erreichen ihrer Quersumme, sich von dort an noch viel klarer, besser als vorher, zu orientieren, festzulegen, z.B. auch mit gewichtigen Dingen zu starten, z.B. mit der eigenen Selbstständigkeit. Dieser Zeitpunkt hat oft mit einschneidenden Erlebnissen zu tun.

Z.B. mit der Quersumme 40, kannst Du sagen, „so, jetzt geht es richtig los, im Leben". Klar, Du kannst auch jederzeit schon, vor 40, Gas geben, vorwärts kommen, ABER dann erst recht ab 40 :).

**Hier lernst Du Deine wichtige Kommunikations-Zahl
kennen** (hier, in diesem Buch, mit den Zahlen 10, 20, 30
oder 40)

Wir sind uns sicher, dass Dir auch dieses Kapitel gefallen
wird, denn da kannst Du – ebenfalls ohne vorher bei uns
einen Kurs besucht zu haben – mit einfacher Ausrechnung
sehen, mit welcher wichtigen Kommunikations-Zahl Du es
zu tun hast!

Wie gesagt, die Ausrechnung ist einfach!

Da brauchst Du lediglich die **GANZE (!)** Tages- und
Monatszahl zu addieren und schon hast Du das Resultat!

Beispiele (die mit dem Einfluss der 0 zu tun haben):

26.4.1961: 26+4 = **30**

8.12.1976: 8+12 = **20**

30.10.1950: 30+10 = **40**

3.7.1995: 3+7 = **10**

Die Kommunikationszahl ist sozusagen eine nette,
freundliche Empfehlung, die Qualität, Idee, Möglichkeit,
Aufgabe der entsprechenden Zahl in Deine Kommuni-

kation, also in Dein Gespräch mit anderen Menschen hineinfliessen zu lassen.

Und falls Du schon das Kapitel „Die Gesetzmässigkeiten einer zweistelligen Zahl" gelesen, studiert hast, dann weisst Du, dass es eben die Tendenz gibt, dass die HINTERE ZIFFER (bei mehrstelligen Zahlen) tendenziell **dominant** auf die vordere wirkt, sodass es eine Tendenz gibt, dass die Kommunikationszahlen 10, 20, 30 und 40 0er-gefärbt sind.

Höher geht nicht, denn die höchste Kommunikationszahl ist die 43, nämlich für solche, die an einem 31.12. geboren sind...), nach der 3 takten.

Wie schon gesagt: Bei diesen Zahlen (im vorletzten Abschnitt) entsteht eine sogenannte „0er-Färbung", auch wenn die Hauptaufgabe jeweils bei der vorderen Ziffer liegt.

Ist es z.B. so-o, dass Du es mit der Kommunikationszahl 30 zu tun hast, weil Du z.B. an einem 25.5. geboren bist (25+5=30), dann kann es für Dich, im Gespräch, darum gehen, eine stärker aktivierende, dynamische, entwicklungsfördernde (3), durchaus auch vielseitige, abwechslungsreiche, auch z.B überraschende, auch z.B. transformierende (0) Rolle zu spielen.

Kommunikationsverbindungen zu anderen Menschen

Mit den Kommunikations-Zahlen kannst Du nicht nur sehen, was im Gespräch zu fördern ist, sondern auch, mit wem Du eine mögliche Kommunikations-Verbindung haben kannst! Dies kann z.B. in einer Gemeinschaft – z.B. Arbeitsgemeinschaft, z.B. Partnerschaft – sehr interessant sein!

Es gibt da verschiedene Verbindungsmöglichkeiten! Wir zeigen Dir das auch wieder mit 0er-geprägten Zahlen auf (in den anderen Zahlenbüchern, mit den entsprechenden Zahlen).

Angenommen, Du bist an einem 13.7.1974, also mit der Kommunikations-Zahl 20, geboren (13+7), dann kannst Du – tendenziell – z.B. mit folgenden Menschen eine gute Kommunikations-Verbindung unterhalten (ist aber, wie immer, NICHT garantiert):

20
9.11.1980

20.2.1975

13
6.7.1966

Wie Du anhand den Beispielen sehen kannst, ist es möglich, eine Kommunikations-Verbindung mit ALLEN Menschen zu haben, bei denen die Addition der Tages- und der Monatszahl 20 ergibt (...z.B. auch noch 10.10., 8.12., 12.8., 14.6. usw. ... Du hast das Prinzip sicher erkannt,..). Auch ist es – für dieses Beispiel – möglich, mit ALLEN Menschen, die an einem 20. geboren sind, eine gute Kommunikation zu pflegen. **UND:** Da ist auch eine Verbindung über die 13 möglich, da Du an einem 13. geboren bist.

Es geht also – für eine gemeinsame Verbindung – die gleiche Kommunikationszahl oder eben auch mit der entsprechenden Tages-Zahl zusammen, also wenn die Tageszahl der einen Person die Summe des Tages und des Monats einer anderen Person ergeben (wie hier das letzte Beispiel).

Bitte beachten, dass es für diese Verbindungsform typisch ist, dass so etwa ab 40-45, die Verbindung stärker beginnt zu wirken! Sodass, falls Du in jungen Jahren jemanden kennenlernst, der mit Dir eine Kommunikations-Verbindung hat, Du schaust, dass Du zumindest die Adresse, die Kontaktdaten behältst (falls Du denkst, „hm, also, da sehe, spüre ich jetzt relativ wenig"), sodass Du dann eben, ab 40 – 45, dann mal „checken" kannst, wie sich's dann, bei einem erneuten Date, anfühlt.

Eine wichtige Auftretens-Zahl, die Du fördern darfst

Das Ausrechnen ist auch hier recht einfach, also Du zählst Deine (GANZE (!)) Monatszahl und (GANZE (!)) Jahrgangszahl zusammen!

Hier einige Beispiele:

18.**6**.20**04**: 6+4 = **10**

14.**11**.19**89**: 11+89 = **100**

25.**7**.19**63**: 7+63 = **70**

2.**8**.20**12**: 8+12 = **20**

usw.

Diese Zahl, an dieser Position – hier also die Zahlen 10, 100, 70 und 20 - gibt Dir die Empfehlung, WAS Du alles in Dein Auftreten (Mimik, Gestik, Körpersprache, Körperhaltung) einbringen darfst.

Hast Du es z.B. mit der Auftretenszahl 70 zu tun, dann kann es wichtig sein, sowohl Charisma, Einfluss, Überzeugung, Dominanz (7) an den Tag zu legen, aber auch stets Abwechslung, Neues, z.B. auch Überraschungen (0) in Deine Präsenz zu legen.

Verbindungs-Möglichkeiten zu anderen Menschen, und zwar auf der psychisch-körperlichen Ebene

Wir bitten Dich, wie immer möglichst spielerisch mit diesem Wissen zu handhaben, also es z.B. nicht als Garantieschein zu betrachten, z.B. automatisch, einfach so, Dich „blind", super-genial mit jemandem körperlich, sexuell zu verstehen, mit einer solchen Zahlen-Verbindung. Klar, es kann sehr aufregend, faszinierend sein – sonst würden wir dies nicht lehren, nicht darauf aufmerksam machen – hier (...natürlich auch an anderen Orten...) - eine gemeinsame Verbindung zu haben!

Ja-a, also, für Menschen, die gerne reden, da kann die „vordere" Verbindungsmöglichkeit (Tag und Monat) speziell interessant sein ... dann, für Menschen, die eben das Körperbetonte suchen, sich gerne körperlich spüren, übrigens z.B. auch gerne Tanzen (!), sowieso zusammen was Praktisches trainieren, z.B. auch gerne Sport machen, ist eben die „hintere" Verbindungsmöglichkeit (Monat und Jahrgang) besonders interessant.

Denke z.B. an Eiskunstläufer-Paare: Die MÜSSEN sich ja sozusagen blind verstehen..., nicht wahr? Oder auch z.B. Zirkus-Künstler in der Luft usw.

<u>An dieser Stelle bitte daran denken – fügen wir noch dazu – dass sowohl die Kommunikations-Verbindung wie auch die praktisch-körperbetonte Verbindung IMMER auch mit</u>

dem Psychischen, also mit der Gemütslage, mit den Gefühlen zu tun hat.</u> Manchmal stärker, manchmal weniger stark, je nach dem auch, wie die jeweiligen Geburtsdaten „beschaffen" sind.

Im Folgenden siehst Du – mit den Beispielen – wie die Verbindungs-Möglichkeiten aussehen:

Ich nehme mal an, Du bist am 21.1.1989 geboren.

Das ergibt Deine Auftretens-Zahl **90** (1+89), die eben auch für die entsprechende Verbindung eine Rolle spielt:

So kannst Du z.B. mit folgenden Konstellationen eine Verbindung haben:

6.3.1987: 3 + 87 = **90**

Mit ALLEN Jahrgängen 19**90**!

Dann aber auch mit Daten, bei denen die Summe (Monat und Jahrgang) 89 ergeben, z.B. mit dem Geburtsdatum 18.4.1985 (4+85 = **89**).

Möchtest Du MEHR als „nur" die Zahl 0 kennen lernen? Kurze Einführung in das geniale Numerologie-Horoskop

Sag' JAA (!), falls es Dich überzeugt, was wir hier tun!

Denn, dann lohnt sich für Dich ganz bestimmt, das schon angesprochene Geburtsbild, Zahlenbild, Zahlenhoroskop – das u.a. Deine „Haus-Aufgaben" anzeigt – kennen zu lernen, juhu!

Du kannst, falls Du magst, von verschiedenen, interessanten Coaching-Paketen profitieren!

Der Mittelpunkt des ersten Coaching-Paketes ist die Form einer **persönlichen Sitzung,** in 1 ½ Std. (via Zoom oder bei mir, in St. Gallen).

Das Zentrum des zweiten Coaching-Paketes ist die Form einer **schriftlichen Geburtstags-Auslegung** (12-13 A4-Seiten, Zeit-Aufwand etwa 3 ½ Std., da KEINE Computer-Bausteine. Intuitive wie auch mediale Einflüsse dabei).

Du kannst das Ganze aber NOCH AUSFÜHRLICHER haben…, siehe die anderen Coaching-Angebote auf der Homepage https:/lebensgestaltung.ch

Um was geht es da?! Wir zeigen Dir Möglichkeiten, Stärken, Potenziale, wichtige Lebens-Aufgaben, verschiedene wichtige Dinge für Dich auf, z.B. für Beruf, Berufung, Freizeit.

Mit 30 Jahre Erfahrung (Stand 2020), also, mit tausenden von betrachteten Geburts-Bildern, haben wir längst rausgefunden…

…dass Du Dein Geburtsbild – z.B. mit einer ganzheitlichen Numerologie oder z.B. auch mit einer ganzheitlichen Astrologie zu sehen – **leben darfst, musst (!), <u>um über genügend Energie und Motivation im Leben zu verfügen!</u>**

Du fragst Dich jetzt sicher, was auf diesem Numerologie-Blatt, Zahlen-Bild alles zu sehen ist?!

Den Begriff „Ganzheitlich" verwenden wir vor allem DESHALB, weil diese Numerologie-Lehre das berühmte DREIHEITS-PRINZIP, so das Geist-, Seelen- und Körperprinzip kennt!

Das siehst Du im Geburtsblatt…, da sind die drei entsprechenden Bilder vorhanden, nämlich ein Geistbild, weiter ein Seelenbild und schliesslich ein Körperbild.

In den Bildern siehst Du jeweils zehn Positionen, die insgesamt VIER verschiedene Konstellationen zeigen können.

Insgesamt gesehen – also alle drei Bilder zusammen – ergeben sich 30 Aufgaben, die allerdings verschieden prioritär sind.

Am wichtigsten sind diejenigen Aufgaben, wo sowohl blaue wie auch rote Zahlen vorhanden sind (im Beispiel, z.B. im Geistbild, auf den Positionen 1, 4, 6 und 9). Dort gibt es Zugzwang, die Aufgabe möglichst optimal zu erfüllen. Die zweite Priorität ist mit den blauen, sog. statischen Zahlen vorhanden. Die dritte Priorität ist mit den roten, sog. anregenden Zahlen angezeigt.

Wie Du sehen kannst, gibt es einen oberen Teil, mit zusätzlichen, hochinteressanten Aufgaben-Stellungen

Oben, Deine drei wichtigsten Zahlen, die Tages-, Monats- und Jahrgangs-Zahl, dann z.B. drei verschieden Quer- summen, die Impulse für die entsprechenden Ebenen geben.

Die Kommunikations-Zahl (im Beispiel die 23) zeigt auf, was Du in einem Gespräch fördern darfst. Dort, wo im Beispiel die 67 steht, gibt es eine Empfehlung für Dein Auftreten.

Im linken Block, dort wo im Beispiel die 86 steht, geht es um Deine Lebensstil-Zahl, also um wichtige begleitende Lebens-Umstände.

Es gibt, im mittleren Block, eine Spezial-Aufgabe für Dich selbst, daneben eine spezielle Aufgabe gegenüber Deiner Familie und dann auch eine Tätigkeits-Empfehlung, die Du nach aussen, für andere tun darfst (hier sind es die Zahlen 89, 1 und 131).

Dort, wo die Zahlen 86, 152 und 136 stehen, geht es um weitere Aufgaben-Felder, je nach Ebene, Prinzip.

Dann gibt es auch noch andere wichtige Zahlen zu besprechen, u.a. Deine Vor- und Nachnamens-Zahl, wobei wir das Hauptgewicht eindeutig auf die Geburtstags-Zahlen und die genialen Aufschlüsselungen legen.

Im oberen Bereich siehst Du den Lebensbaum, mit den 22 Lebenswegen. Mit dieser Lehre können wir Dir, aufgrund Deines Geburtsdatums, zeigen, welche dieser 22 Wege aktivierter Natur sind, deshalb für Dich – aus kabbalistischer Sicht – noch zusätzliche, interessante Impulse geben können.

Das Geistbild zeigt u.a. WIE Du Deine Zahlenkräfte, Deines Geburtsdatums – Deine eigentlichen Haus-Aufgaben – erarbeiten kannst, darfst, sollst. Hier, im Beispiel, mit dem Geburtsdatum 19.4.1963, sind es die Haus-Aufgaben-Zahlen 1, 3, 4, 6 und 9.

Die 19 (Jahrtausend und Jahrhundert) ist sozusagen übergeordnet zu sehen…, darf JEDER erfüllen, der in dieser Zeitphase lebt. So war und ist für alle, die zwischen 1000 und 1999 geboren ist, wichtig (!), Individuelles, Persönliches, Eigenes zu fördern (1) und speziell zwischen 1900 und 1999, Luftiges, Leichtes, Spielerisches, Schnelles, Austausch, z.B. Kommunikation, Dienstleistungen, Technik, Freiheit und Unabhängigkeit (9) usw. zu fördern.

Nun, im Beispiel, da darf die „Haus-Aufgabe 1" (mit den blauen Zahlen dargestellt), mit der 6 zusammen erarbeitet werden.

Dann, die Aufgabe 3, ist mit der 8 zu betätigen, die 4 mit der 9 anzugehen, die 6 mit der 1 zu fördern, die 9 mit der 4 weiter zu bringen.

Du siehst, es gibt sog. Kästchen-Zahlen, hier, im Geistbild, die 16, 27, 38, 49, 50, 61, 72, 83, 94 und 105. Das sind die EIGENTLICHEN zehn Aufgaben-Felder, in diesem Bild.

An dieser Stelle ist zu sagen, dass sowohl die blauen wie auch die roten Zahlen Möglichkeiten, Stärken, Potenziale darstellen, mit dem Unterschied, dass die blauen Zahlen die statischen und die roten Zahlen die dynamischen Werte darstellen.

Mehr Interessantes und Wichtiges zu diesen beiden Zahlen-Gruppen – und ganz generell zu diesem Geburtsblatt – in einem der beiden KOSTENLOSEN Bonus-Kurse.

Auch sind im Geistbild – wie z.B. in der Astrologie – verschiedene spezielle Zahlen-Verbindungen möglich, wie hier z.B. eine Opposition, zwischen den Zahlen 4 und 9 oder eine typische Ebenen-Aufgabe, hier die 3-9-Mental-Ebene. Usw.

Das Seelenbild zeigt u.a., wie Du mit Deinem Wach-, Tages-Bewusstsein handhaben darfst, wie – tendenziell – Deine tieferen, unbewussten Schichten aussehen … schliesslich, was sich auf der sog. Ursprungs-, Quell-Ebene tut usw.

Im Seelenbild sind u.a. 10 verschiedene Bewusstseins (mit den entsprechenden Aufgaben und Möglichkeiten) zu besprechen.

Selbstverständlich gibt es MEHR als nur drei Ebenen, wie sie hier, im Bild, dargestellt sind. Auch gibt es DESHALB zehn verschiedene Bewusstseins-Positionen, weil das ein sog. Zehner-System ist.

Im Körperbild können wir Dir, anhand der blauen und roten Zahlen u.a. zeigen, was Du tun darfst, um einen möglichst ausgeglichenen Körper-Energie-Haushalt zu er-reichen.

Je mehr gleiche Zahlen Du im Geburtsdatum hast, desto wichtiger ist es, für einen möglichst ausgeglichenen Körper-Energie-Haushalt zu achten, weil sonst Einseitig-keiten entstehen können.

Dort, wo rote Zahlen angesiedelt sind, dort verfügst Du – normalerweise – über genügend Energie, Energie-Durch-fluss.

Hier, im Beispiel, kann es sogar sein, dass in der Nacken-Region ZU VIEL Energie vorhanden ist (die dann ent-sprechend auszugleichen ist). Dort, wo Du die blauen Zahlen stehen hast, macht es – präventiv – Sinn, dass Du stets für genug Anregungen, Zirkulation und Durchblutung schaust. Hier, im Beispiel, kann es z.B. wichtig sein, mit den beiden blauen 6er, stets für eine möglichst gute Giftstoff-Ausscheidung zu achten, generell an einer guten Arbeit der Unterleibs-Organe interessiert zu sein.

Als zweiter Schwerpunkt geht es darum, zu schauen, wie weit Du schon bist, in Sachen verschiedener Ausdrucks-Formen … z.B. Halszentrum (verbaler Ausdruck), Solarplexus-Zentrum (Gefühle, Freude, Lust ausdrücken), Sexual-Zentrum (Körperbetontes, Körperbewusstsein), Fusszentrum (innere und äussere Bewegungs-Freiheit) usw. (mehr dazu, in der entsprechenden Ausbildung!).

Die sogenannte <u>Persönlichkeits-Potenzial-Quadratur</u> – hier mit der Zahl 348 in der Mitte – zeigt ein sehr gutes Instrument, wie Du ständig Impulse bekommen kannst, Deine drei wichtigsten Zahlen (Tag, Monat und Jahr) möglichst optimal zu leben.

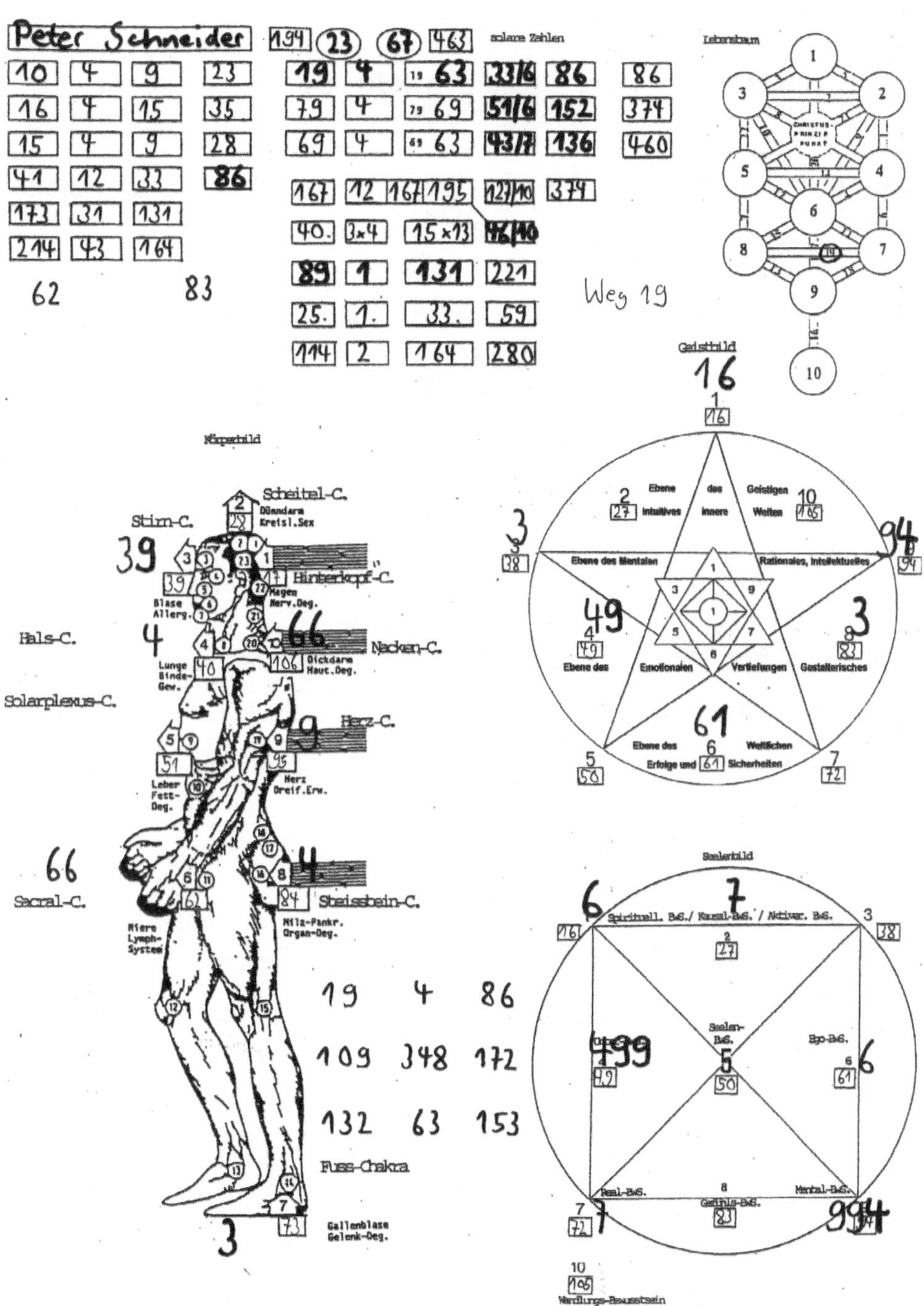

Peter Schneider
solare Zahlen
Lebensbaum
Weg 19
Geistbild
16
Körperbild
Scheitel-C.
Stirn-C.
Dünndarm
Kreisl.Sex
Hinterkopf-C.
Magen
Nerv.Deg.
Blase
Allerg.
Hals-C.
Lunge
Binde-
Gew.
Nacken-C.
Dickdarm
Haut.Deg.
Solarplexus-C.
Herz-C.
Leber
Fett-
Deg.
Herz
Dreif.Erw.
Sacral-C.
Steissbein-C.
Niere
Lymph-
System
Milz-Pankr.
Organ-Deg.
Fuss-Chakra
Gallenblase
Gelenk-Deg.
Ebene des Geistigen
innere Welten
Intuitives
Ebene des Mentalen
Rationales, Intellektuelles
Ebene des Emotionalen
Vertiefungen
Gestalterisches
Ebene des Erfolge und Sicherheiten
Weltlichen
Seelenbild
Spirituell. BwS. / Kausal-BwS. / Aktiver. BwS.
Seelen-
BwS.
Ego-BwS.
Real-BwS.
Geistige-BwS.
Mental-BwS.
Wandlungs-Bewusstsein
CHRISTUS-PRINZIP PUNKT

Beispiel schriftliche Geburtstags-Auslegung: Ein Geburtsdatum, wo die 0 die stärkste Stellung hat

Dario Müller, 30.3.1979 (Abbildung, am Schluss dieser Auslegung)

Sinn und Zweck dieser Einleitung (bekommen alle, die eine schriftliche Arbeit erhalten)

Ich werde immer wieder gefragt, wie eine schriftliche Geburtstags-Auslegung zu behandeln ist, wie man diese und jene Dinge angehen könnte.

Gerne gebe ich Dir einige Hilfestellungen, die schon recht umfangreich, aber natürlich nicht vollständig sind!

Patent-Rezepte sind nicht möglich.

Auch sollst Du selbst was dafür tun :-).

Schaue immer wieder – beim Lesen, Studieren, Verinnerlichen Deiner Geburtstags-Auslegung – auf dieses Merkblatt, z.B., wenn wir Möglichkeiten, Stärken, Potentiale aufzeigen, auch sonstige Dinge erwähnen.

Weitere Tipps, siehe Merkblatt „Sinn und Zweck der Interpretation eines Geburtsdatums".

Wie löse ich Verdrängungen, Schattenmuster, unangenehme Gedanken und Gefühle usw.?

Da führen verschiedene Wege nach Rom: Einer davon ist z.B. folgender: Anerkenne Deine Erschaffer-Rolle!

Dann: Sage und fühle JA-A zu allem, was jetzt da ist … Gedanken, Gefühle, Situationen usw.!

Weiter: Höre auf zu werten, zu verurteilen … vergebe Dir selbst und anderen.

Schliesslich: Entscheide Dich, was ab JETZT AN sein soll!

Wie kann ich eine Zahl optimal leben?

Jede Zahl ist eine universelle Schöpfungs-Kraft, sozusagen eine Seele.

Du kannst JEDERZEIT mit einer gewünschten Zahl in Resonanz gehen!

Hänge z.B. Deine Tages-Zahl (Dein persönliches „Kursschiff") gross an eine Wand, habe die Zahl stets im Blickfeld…, so wirst Du immer wieder angeregt, die entsprechende Zahl zu leben

Wie erreiche ich eine Eigenschaft?

Autorisiere Dich selbst, alles Mögliche zu erschaffen!!!

Alles entwickelt sich von innen nach aussen.

Mache jeden Morgen nach dem Aufwachen eine konstruktive Tages-Einstimmung.

Der Anfang eines Tages ist eine sehr wichtige Prägung-Zeitphase!!

Lade gewünschte Eigenschaften ein, in Dir/mit Dir zu sein!

Sehe es als ein Geburtsrecht an, dies und das darzustellen.

Im Prinzip ist ALLES schon da (universell gesehen).

Füttere Dein Unterbewusstsein immer wieder mit konstruktiven Bilder, Gedanken, Gefühle! Klar, das ist ein Prozess …, gewisse Eigenschaften stellen sich nicht sofort ein.

Mit welchen Mitteln unterstütze ich meinen Körper (da wir u.a. das Körperbild besprechen)?

Da geben wir entsprechende Tipps, Übungen an, wie Du bestimmte Bereiche unterstützen kannst

Zwei typische Grad-Messer, ob Du momentan (einigermassen) in Deiner „Lebensspur" bist:

Genug Motivation: Gehst Du fröhlich, freudig durch den Tag?

Machst Du Dinge, die Dir passend, stimmig sind?

Genug Energie: Wie viel Schlaf, Erholungszeit brauchst Du?

Fühlst Du Dich fit, hast Du Tatendrang?

Könntest Du „Bäume ausreissen"?

<u>Alle möglichen Dinge, die Du Dich fragen kannst …</u>
<u>am besten DETAILLIERT auf Papier bringen!!!</u>

- Wer bin ich wirklich?
- Wie will ich leben?
- Mit wem will ich leben?
- Mit was will ich leben?
- Welchen Lebensstil will ich leben?
- Welche kurz- und langfristigen Ziele will ich verfolgen, wenn es darum geht, mit Konzept, Fokus, Ausdauer eine bestimmte Sache vorwärts zu bringen?
- Welche Wünsche, Sehnsüchte will ich leben?
- Was hat mich bis jetzt geprägt?

- Was will ich mit 120 Jahren über das vergangene Leben sagen können?
- Was verleiht mir Spass, Freude, Genuss, Stimmigkeiten, Energie, Feuer, Power?
- Was nimmt mir Energie?
- Was stört mich?
- Was treibt mich an die Decke?
- Mit was/wem fühle ich mich gut?
- Lebe ich für meine eigenen Ziele?
- Lebe ich für Ziele anderer?
- Mache ich es für mich?
- Mache ich es für andere?
- Lebe ich JETZT, oder in der Vergangenheit oder in der Zukunft?
- AGIERE oder reagiere ich?
- Beeinflusse ich selbst, werde ich beeinflusst?
- Drücke ich mich überall sofort, frei aus?
- Behalte ich alles Mögliche für mich zurück?
- Wage ich immer wieder Neues?
- Liebe ich Routine, Sicherheit über alles?
- Denke, fühle ich, wie es mir passend, stimmig ist?

- usw. usw.

Stichwortartig was mit Deinem Geburtsdatum gefördert werden kann:

<u>Damit es Dir möglichst wohl ist, im Leben, Du über genügend Energie und Motivation verfügst,</u> ist es mit Deinem Geburtsdatum 30.3.1979 wichtig, vielseitig unterwegs zu sein, immer wieder mal bereit zu sein, diese und jene Veränderungen, Transformationen, Erneuerungen zu erleben, grundsätzlich eine stark aktivierende, entwicklungsfördernde Rolle zu spielen, z.B. auch das sehr grosse mentale Potenzial zu nutzen, grundsätzlich bereit zu sein, Konstruktives zu fördern, dies und das im Leben zu optimieren, weiter zu bringen usw.

Nun zur eigentlichen Auslegung:

Mit den Zahlen 0, 3 und 9, verfügst Du über die drei unruhigsten, wühlensten Zahlenkräfte! Das heisst, es können ständig laufende Rädchen vorhanden sein, eine ständige, eine Art innere Unruhe vorhanden sein. Dies muss übrigens nicht zwingend störend sein.

Man sieht einfach, dass Du damit über eine höchst aktivierende, lebendige, anregende Zahlen-Konstellation verfügst, da sowieso die motorische 3 gleich zweimal anwesend ist!

Dies zeigt, dass Du u.a. eine Aufgabe haben kannst, andere Menschen anzuregen, zu motivieren, anzustossen, ihnen zu helfen in die Gänge zu kommen, z.B. wenn der Karren still gestanden ist.

Du kannst ruhig eine Art Aktivistenrolle einnehmen, z.B. für eine nützliche Sache aktiv sein.

Da bei Dir die 0 die stärkste Stellung hat, ist es wichtig, dass Du - trotz zweimal der gleichen Zahl (der 3)- ein vielseitiges, abwechslungsreiches Leben führst.

Du bist sogar noch in der sogenannten, speziellen 10jahres- Transformations-Zeit drin, die noch bis 2021 dauert. Diese 10jährige Periode dient dazu, während dieser Zeit VIELSEITIGES zu erleben, immer wieder neue Entwicklungen zu durchleben.

ENTWICKLUNG ist sowieso das richtige Wort, weil die 3 am stärksten mit dem Entwicklungs-Thema zu tun hat. Du kannst Dich also zu einem Entwicklungs-Spezialisten entwickeln, :-), z.B. was Programme, Produkte, Geschäfte, Häuser angeht usw.

So eine 10jährige Wandlungsphase erlebt jeder wieder anders, aber es kann gut sein, dass Du in dieser Phase viel Neues, auch z.B. Überraschendes erfahren hast, es durchaus auch etwas turbulentere Phasen gab und immer noch gibt.

Der tiefere Sinn dieser Periode ist, zu lernen, im Leben, möglichst offen für alle möglichen Entwicklungen zu sein, es im Leben zu vermeiden, zu fixe, zu feste Pläne zu machen.

Ist uns schon klar, kein Problem, wenn Du für gewissen Zeiten, z.B. für gewisse Projekte klare kurz-, mittel- und langfristige Pläne machen möchtest. Wir meinen dies ganz generell für Dein Leben bezogen.

So kann es z.B. wichtig sein, Dich nicht zu stark an Dinge, Situationen, Menschen zu heften zu klammern.

Es ist gut zu üben, immer wieder mal Dinge, Situationen, Menschen loszulassen, hinter Dir zu lassen, wenn das die Entwicklung nicht mehr benötigt. Das Leben ist ein Kommen und Gehen.

Diese Konstellation möchte Dir zeigen, dass es Sinn machen kann, möglichst spielerisch, am besten (immer wieder) nach dem Lustprinzip zu agieren.

Du kannst Dir dabei übrigens auch ein Kleinkind vorstellen, das - je nach Lust und Laune - immer wieder von der einen Sache zur anderen geht, ohne immer meinen zu müssen, was komplett beenden zu müssen.

Dies ist eine Art Kreislaufkonstellation, mit der es durchaus Sinn machen kann, im Leben, immer wieder mal mit was Neuem zu starten, dann es eine Zeitlang zu tun, um es dann irgendwann wieder zu beenden, um wieder was Neues zu starten usw.

Gut ist, mit einer solchen Konstellation, Dich möglichst im Jetzt aufzuhalten, also möglichst wenig in der Vergangenheit, auch möglichst wenig in der Zukunft.

Noch wegen dem Flussprinzip: Stelle Dir einen Fluss vor, der da friedlich vor sich hinfliessen kann, ohne eine künstliche Staulage zu erfahren.

Es ist gut - damit es zu keinen Verkrampfungen kommen kann - stets offen alles Mögliche anzunehmen, was sich im Leben zeigt, auch z.B. bereit sein, ab und zu ein UPDATE zu erfahren, und zwar vor allem im Kopf-Geist-Bereich!

Da gibt es sehr, sehr viel mentales, intellektuelles Potential, z.B. die Möglichkeit, zu einer grossen mentalen Stärke zu gelangen, viel Wissen anzueignen, übrigens auch Wissen weiter zu geben.

Aber es ist gut, immer wieder offen für neue Denkweisen, für neues Bewusstsein, für neue Weltbilder zu sein. Das haben wir mit Update für den Kopf-Geistbereich gemeint.

Weniger günstig ist es, solltest Du Dich immer wieder gegen neue Entwicklungen aller Art stemmen, sperren ... dann sind eben alle möglichen Verkrampfungen, Zwangs-Situationen möglich.

Es ist also beileibe KEINE Konstellation für das Bewahrende, Feste, Fixe, Bodenständige, Traditionelle, Form-, Rahmengebende! Im Gegenteil: Die Zahlen 0, 3 und 9 -

keine Zahlen weisen WENIGER Form, Struktur, Strategie, Ordnung auf wie diese (!) - zeigen, wie wichtig es sein kann, Dich stets auszudehnen, auszubreiten, neue Räume, Dimensionen, Welten kennen zu lernen, so alle möglichen Rahmenkonstellationen zu verlassen und übrigens auch anderen Menschen zu helfen, freiheitsfördernde Wege zu gehen.

Ja-a, gerade die 3 und die 9, die - um es in irdischer Sprache auszudrücken - eine gute Freundschaft unterhalten und sich auch gegenseitig verstärken..., möchten, dass Du Dich innerlich wie auch äusserlich möglichst frei fühlst!

Die innere Freiheit kannst Du z.B. mit unseren Anweisungen am Anfang erreichen. Dies muss zuerst mit möglichst bewussten Gedanken und Gefühlen geschehen, sodass es sich mit der Zeit auf die äusseren Gegebenheiten ausbreiten kann.

Die 3 ist die stärkste Motorik-Zahl, die es gibt. Sie kann so bei Dir für sehr grosses Aktivitäts-Potential führen. So kann mit der 3 oft sehr viel Betrieb, Äggschen im Spiel sein. Da kann ständig was gehen, was laufen. Mit der 3 kann es Sinn machen, zwar gerne zu arbeiten, aber zwischendurch auch für Ruhe und Entspannung zu sorgen.

Mit der 3 kann viel Wille, Verstand vorhanden sein, hier vielleicht etwas abgeschwächt, da die 0 die stärkste Stellung hat. Sowieso: Einen gesunden Menschenverstand zu fördern, finden wir gut, aber es ist wichtig, mit Wille und Verstand es nicht zu übertreiben, z.B. nicht zu stark über die Gefühle und Körperwelten zu dominieren.

Die 0, die fördert auch den Zugang zum Jenseitigen, zu Träumen, Phantasien, inneren Welten. Zusammen mit der 2 ist sie ein Teil der sog. Geistbewusstseins-Ebene 2-0 im Geistbild.

Die 0 zeigt auch typisch Soziales, Fürsorgliches. So sehen wir immer wieder, dass Menschen, die wie Du, an einem 30. geboren sind, viel für andere Menschen tun können.

So ist die 30 eine Zahl, mit der auch z.B. soziale, fürsorgliche Tätigkeiten möglich sind, z.B. im Entwicklungshilfe-Bereich.

Wie schon angesprochen, sind hier besonders Kopf-Tätigkeiten aller Art interessant, weil ausser der 7, alles Kopf-Geist-Zahlen vorhanden sind, mit der 3 und der 9 erst noch Zahlen vorhanden sind, die sich gegenseitig verstärken können.

Viele Erfinder, Forscher, Tüftler, Entwickler, Wissenschaftler, z.B. Naturwissenschaftler sind mit solchen Zahlen ausgerüstet. Auch kann hier übrigens das Thema Schreiben interessanter Natur sein.

Die Monatszahl 3 unterstützt natürlich die 30 in Sachen 3, so z.B. in Sachen Tätigkeitsdrang. Und es kann eben auch von innen stark drängen, im Leben, möglichst viel Platz, Raum, Luft, Freiheit zu erleben.

Dein Jahrgang 79 zeigt Autoritäts-, Einfluss-, Macht-, Wirkpotenzial! Da aber die 30 sozusagen der Chef darstellt, würde es keinen grossen Sinn machen, vordergründig dominant, führend, beeinflussend auftreten zu wollen.

Das heisst, Du kannst schon Führungs- und Verantwortungsaufgaben übernehmen, aber dies muss nicht ständig sein ... und auch nicht unbedingt im Vordergrund stehen.

Wie alle Zahlen zwischen 70 und 79 hat auch die 79 stark mit der Lebenseinstellung zu tun. Das hat eben mit der Hauptaufgabe 7 zu tun, mit der es gut ist, Freude am Leben zu haben, gerne in diesem Leben zu stehen.

Mit der 7 ist es wichtig, dass Du gerne möglichst viel aus dem Leben machen möchtest, auch z.B. im Leben vorwärts kommst, im Beruflichen wie auch sonst.

Mit der 7 geht es darum, dies und das konstruktiv zu sehen, zu optimieren.

Du darfst mit dieser Zahl Ausstrahlung, gesunder Stolz, eine gesunde Erhabenheit trainieren.

Gemäss Überlieferung ist die 79 auch eine Art Menschenführer-Zahl. So darfst Du, falls Du Lust dazu hast, auch eine Art Stütze, Säule, Bezugs-, Anlauf-Persönlichkeit für andere darstellen.

Die 9 im Jahrgang kann Dich dazu bringen … da Ausdehnung, Ausbreitung, Freiheit sowieso ein Thema ist … zu reisen, z.B. auch Tätigkeiten auszuüben, die z.B. mit dem Verkehrswesen, mit fremden Ländern, Kulturen zu tun haben.

Die 9 ist eine klassische Dienstleister-Zahl, mit der es interessant sein kann, verschiedene Dienstleistungen anzubieten.

Es kann auch sein, dass Du Interesse hast, eine Art Repräsentanten-Rolle zu spielen, weil mit der 79 Eindruck zu verschaffen ist.

Kommunikation, Ausdruck, Austausch auf allen Ebenen macht mit der 9 Sinn zu fördern.

Mit der stark anregenden Konstellation kann es durchaus ab und zu hektisch, vielleicht auch stressig zu und her gehen. Damit es nicht z.B. zu nervlichen Belastungen kommen kann, ist es gut, dass Du Dich genügend - z.B. sportlich - bewegst, was sowieso mit der 7 zu tun hat, weil es mit der 7 darum geht, genügend viel mit den Füssen und Beinen zu tun.

Die 7 kann auch einen stärkeren Naturbezug geben, z.B. auch in diese Richtung eine Tätigkeit auszuführen.

Da Du eine 0 im Geburtsdatum hast, gibt es hier zwei verschiedene Quersummen für das Geistbild, nämlich die 32 und die 42. Dies hat dann auch mit der sog. 10jährigen Wandlungs-Zeit zu tun, über die wir ja schon berichtet haben.

Aufgrund des jetzigen Alters (Stand, Sommer 2019) bist Du nun unter dem Einfluss der 42. Diese gibt Dir nun Impulse - stärker als in früheren Jahren - hinter die Dinge zu sehen, dies und das zu erkennen und zu lösen. Die 42 ist gut für technische und sonstige Beratungen.

Wie das im Geistbild zu sehen ist, bekommst Du mit dieser neuen Quersumme (verstärkt ab etwa 37 Jahren), eine Art inneren Motor, Antrieb, was eben auch die einzelnen Stationen zeigen: 16, 27, 38, 49 usw.

Dies zeigt, dass es wichtig ist, mit diesen sog. Polaritäts-Informationen, stets im Leben - auf alles bezogen - einen Ausgleich zu finden, stets die Mitte anzustreben. Da kannst Du Dich - obwohl Du mit den Geburtszahlen über keine typische Polaritäts-Aufgabe verfügst - symbolisch als Seiltänzer sehen, der stets die Balance halten muss.

Die 112, Dein Geburtszahlen-Total kann Impulse geben, wegen den zwei enthaltenden Zahlen 11 und 12, Dich auch für die individuelle Persönlichkeits-Entwicklung zu interessieren, also im Leben zu schauen, dass Du auch Individuelles, Persönliches förderst.

Die 50, Quersumme für Dein Seelenbild, zeigt, dass es wichtig ist, sowohl Dich für Jenseitiges wie auch für Diesseitiges zu interessieren (Aussen- wie Innenwelten). Im höheren Sinne kann es hier darum gehen, zu einer Art Seelen-Fülle = Erfüllung zu gelangen. Da kann auch die optimierende 178 helfen.

Die Quersumme für Dein Körperbild, die 44, zeigt, dass Du viele nützliche Anregungen für ein gutes Körper-bewusstsein erhalten kannst. Mit der 44 an dieser Stelle ist es möglich, hinter alle möglichen körperlichen Zusam-menhänge zu schauen.

Die 44 ist nicht bloss für einen Körpertherapeuten, sondern auch für ganz generell Beratende interessant. Hier ist sogar der Fall, dass Du sozusagen automatisch Erkenntnisse und Lösungen für alle möglichen Proble-matiken erhalten kannst, wie das die angeregte Aufgabe 4, im Geistbild, zeigt.

Die 119 kann Impulse für witzige, originelle Ausdrucksweisen im Alltag geben. Kann auch für interessante Ideen sorgen.

Die 45 fungiert hier als sog. übergeordnete Quersumme, Impuls-Zahl, für alle möglichen Ebenen. Auch wenn Du KEINE 5 im Datum hast, kann es sein, dass Du Dich speziell für alle möglichen gesellschaftlichen Abläufe, Fragen, z.B. Familien-Leben usw., interessierst.

Im linken Block, auf der Position der sog. inneren Seelenwunschzahl, auch Lebensstilzahl genannt, steht die 85.

Das ist eine Zahl, mit der es darum geht, die 8 gebührend zu leben.

Also, in Deiner Freiheit, in Deinen lebensbegleitenden Situationen, kann es Sinn machen, viel Schönes, Friedliches, Harmonisches, Genussvolles, Gemeinschaftliches zu erleben.

Dies zeigt übrigens auch Deine Geburtszeit, mit der 8, vorne.

Dein Vorname „Dario" = 46 ist kraftvoller, Praktisches fördernder Natur.

Mit diesem Vornamen kann es Sinn machen, im Leben, möglichst praktisch zu denken und zu handeln.

Die 46 ist eine typische Zahl für Lösungen mit Schwerpunkt praktischer und/oder körperbezogener Art.

Wir wissen natürlich, dass es – im deutschsprachigem Raum – viele Menschen gibt, die sich „Müller" nennen. Nun, wenn diese Leute wüssten...

Also, die 84 – hat im höheren Sinne – eine grössere Bedeutung und zwar für das Weltgeschehen.

Es ist eine Zahl, mit der auf der Erde für möglichst viel Frieden, Harmonie gesorgt werden darf.

Diese Sippe darf also wichtige Lösungen für alle möglichen Probleme auf dieser Welt parat stellen.

Wer in dieser Sippe das Kreative, Künstlerische, Gestaltende anstrebt, hat gute Möglichkeiten dazu.

Im Lebensbaum ist der Weg 9 aktiviert, eine typisch kabbalistische Aufgabenstellung.

Falls es Dich interessiert, kannst Du versuchen, die Essenz dieser Wegaufgabe zu verstehen, und zwar im Menü "Blog", dann Kategorie "Numerologie", in der Homepage "lebensgestaltung.ch".

Auf der Position der sog. Spezialaufgabe für Dich selbst, steht die 61. Das ist u.a. eine wichtige Persönlichkeitsentwicklungs-Zahl.

Die 61 zeigt auf, dass es für Dich - für Dein Wohlbefinden - sehr wichtig sein kann, sowohl in Sachen geistiger Entwicklung wie auch in Sachen körperlicher Entwicklung weiter zu kommen, also zu einem guten Geist- wie auch Körperbewusstsein zu gelangen.

Neben der 61 steht die 3. Da geht es darum, gegenüber Deiner Familie eine Art nützliche Antriebs- und Ent-wicklungskraft darzustellen.

Auf der Position der sog. Spezial-Aufgabe nach aussen, für andere, für die Gesellschaft, steht die 193. Da darfst Du einen Beitrag nach aussen leisten, anderen Menschen - mit der 3 und der 9 (sind ja auch schon für Dich selbst ein grosses Thema) - helfen, zu mehr Freiheit, Unabhängigkeit zu gelangen.

1-3-9, das ist auch das typische Erfinder-, Tüftler-, Forscher-, Entwickler-, Wissenschaftler-, Intellektuellen-Dreieck.

Damit kannst Du anderen Menschen zeigen, wie sie es schaffen, dies und das zu entwickeln, zu handhaben.

Die 193 wäre z.B. auch optimal für einen Mental-Trainer. Oder: Da die 9 im Zentrum steht, kann es auch darum gehen, anderen zu zeigen, wie man es schafft, optimal Dienstleistungen aller Art zu erbringen.

Ist auch eine wichtige Lern- und Lehr-Zahl. Da kann es interessant sein, Lernmethoden weiter zu geben usw.

Im Geistbild ist übrigens zu sehen, dass Du mit dieser 10jährigen Transformations-Zeit mehr Impulse auch für typisch weibliche Ausdrucks-Weisen bekommst.

Es ist so, dass Du bis etwa 37 sehr starke Impulse für Lernen, Lehren, agieren mit Verstand, Logik, Wille bekamst!!!

Was natürlich sehr gut war, um in Sachen Wissen enorm stark zuzulegen. Vielleicht hast Du das ja auch genutzt.

Jetzt, mit der verstärkten Belebung der sog. weiblichen Emotional- und Gestaltungs-Ebene ist es so, dass Du zunehmend Impulse für Musisches, Künstlerisches, Kreatives, Gestaltendes bekommst!

Dies kann nun zunehmend auch für Berufliches - nicht bloss für Hobbys - interessant werden.

Übrigens, grundsätzlich macht es sowieso für jeden Menschen Sinn, sowohl Freude an der männlichen wie auch an der weiblichen Ausdrucksweise zu haben, besonders so ab 50 herum.

Auch bekommst Du im Gegensatz zu früher, nun auch stärkere Impulse, Dich mit tiefgründigen Dingen zu beschäftigen, wie das die rote Zahl auf der Position 2 zeigt.

Ist eine Unterstützung für die 0, die ja u.a. für das Jenseitige, für innere Welten, geistige Zusammenhänge steht.

Dein Seelenbild zeigt stärkere Aktivitäten auf dem sog. Seelenbewusstsein. Dies bedeutet, dass Du starke Anregungen erhalten kannst, über Dein eigenes Leben Bescheid zu wissen, also z.B. eine gute Orientierung zu haben, was Dir im Leben passender, stimmender Natur ist.

Allerdings ist es kein Garantieschein, dass Du das auch wirklich nutzt. Diese Konstellation ist auf jeden Fall für Menschen geeignet, die anderen helfen, ihren Weg, ihre Bestimmung zu erkennen!

Gleichzeitig können diese drei 9er zeigen, dass es in Deinem Inneren zeitweise intensiv zu und her gehen kann, also Du in Sachen Gemütsverfassung, Gefühle, psychischer Zustand stärkere Wellengänge erleben kannst.

Wie ausgeglichen Du Dich fühlst, hängt ganz davon ab, wie stark Dein Bewusstsein ist.

Auf alle Fälle scheint es, dass Dein Unterbewusstsein die Tendenz hat, lebendiger, schneller Natur zu sein.

Dies bedeutet wahrscheinlich, dass Dein Unterbewusstsein relativ schnell arbeitet.

Du kannst dies nutzen, falls es Dich interessiert, eben, "die galoppierenden Pferde" in eine von Dir gewünschte Richtung zu bringen.

Damit meinen wir, dass es nützlich, ja wichtig sein kann, genau zu wissen, was da Dein Unterbewusstsein ständig am Erschaffen ist! Du kannst z.B. hingehen, gezielt Dein Unterbewusstsein anleiten, Gewünschtes zu erschaffen.

Auf dem Ego-, Persönlichkeits-Bewusstsein gibt es nützliche Impulse, genügend stark im Leben, auch auf Dich selbst zu schauen, auch wenn das mit der unendlichen 0 nicht so ganz klar ist, wie sich das zeigt.

Auf alle Fälle macht es Sinn, ein gesundes Ego zu trainieren, mit dem Du jederzeit "Ja" und "Nein" sagen kannst, je nach Stimmung und Situation.

Auf dem sog. geistig aktivierenden Bewusstsein 3 steht eine rote 7. Die kann Dich dazu drängen, zu verstehen, von wo Du kommst, was Du hier, auf dieser Erde tust, wohin die Reise gehen soll. Hilft auf alle Fälle der Position 5, in Sachen das Leben verstehen.

Das kann ein wichtiges Bild darstellen, immer wieder mal in die Tiefe, Ruhe, Entspannung zu gelangen, um so - von innen her, z.B. von Deiner Seele - nützliche Informationen zu erhalten, was gerade wichtig ist zu beachten.

Die drei blauen 9er auf dem Mentalbewusstsein sind die Bestätigung, dass Du in Sachen Wissen, mentale Stärke, Intellekt sehr grosses Potential hast!

Auch, sollte es so gewesen sein, dass Du früher, in der Schule, Lern-, Aufnahme-, Sprach-, Leseschwierigkeiten gehabt haben solltest:

Hier kann sich typisch eine grosse Schwäche vor einer grossen Stärke zeigen! ABER: Wichtig zu verstehen, also, es muss hier nicht zu diesen eben beschriebenen Schwierigkeiten gekommen sein!

Das statische Realbewusstsein tut hier nicht viel zur Sache, weil das schon im Geistbild eine genügende Anregung erfährt.

Das statische Wandlungsbewusstsein 10 im Seelenbild, wie auch die statische Position 10 im Geistbild sollen Dich erinnern, die Aufgabe mit der 0 nicht zu vernachlässigen…

Jetzt noch einige Schwerpunkte zu Deinem Körperbild:

Da sehen wir z.B. die wichtige Präventionsaufgabe, stets möglichst gut zu Deinen Füssen und Beinen zu sorgen, also, Dich gerne mit Deinen Füssen und Beinen zu betätigen, z.B. an einer möglichst guten Zirkulation und Durchblutung in Deinen Füssen und Beinen interessiert zu sein, damit sich dort keine Ablagerungen, Verstopfungen bilden können.

Freier Durchfluss in Deinen Füssen und Beinen kannst Du z.B. erreichen, indem Du immer wieder mal mit der hervorragenden Fussreflexzonenmassage-Technik arbeitest!

Du kannst dies selbst tun (!), z.B. mit Fussroller, mit harten Gummibällchen und z.B. der Trema-Platte von Zurzach (Hartplastik-Nockenbrett).

Wer wie Du eine 9 im Geburtsdatum hat, darf z.B. für eine gesunde Kondition sorgen (da musst Du ja nicht übertreiben), damit Dein Herz möglichst gut arbeiten kann, bzw., es so zu weniger Stress und damit zu keinen nervlichen Reizungen kommen kann.

Zudem ist es gut, z.B. mit Schwimmen und Yoga, für einen möglichst elastischen, beweglichen Rückenbereich zu sorgen, damit sich keine Versteifungen, Verhärtungen bilden können.

Falls Du öfters heiss hast, im Nacken…, es dort immer wieder kribbelt, dort auch Verspannungen erlebst, wäre dies ein Zeichen, dass sich dort zu viel Körperenergie befindet.

In diesem Falle wäre es gut, wenn Du mit der linken, nehmenden Handfläche vom Nacken Energie abnimmst und diese z.B. Deinem Bauchbereich zuführst (mit der rechten Handfläche).

Mit zwei blauen 3er am Kopf kann es wichtig sein, stets möglichst aufnahmefähig zu sein, vieles anzunehmen.

So ist es wichtig, z.B. auch möglichst viel sehen und hören zu wollen, damit die Sinnesorgane, besonders Augen und Ohren, möglichst gut arbeiten können.

Das Potential für viel Wille und Überzeugungskraft ist auf jeden Fall vorhanden.

Mit der roten 9 gibt es generelle Kopfimpulse.

Je mehr Du den Bewusstseinsweg gehst, desto mehr kommt Dir diese Konstellation entgegen, dass Du Dich sozusagen vernetzt mit dem Göttlichen, Universellen fühlst.

Die beiden roten 3er können dafür sorgen (= aber kein Garantieschein), dass Du über ein gutes Körpergefühl, Körperbewusstsein verfügst!

Dies kann z.B. auch wichtig für jemanden sein, der Körper-Ausdrucks-Arbeit anbietet, z.B. auch massiert.

Damit sind wir am Schluss unserer Ausführungen angelangt!

Wir wünschen Dir eine Dir stimmige, passende Persönlichkeits-Entwicklung!

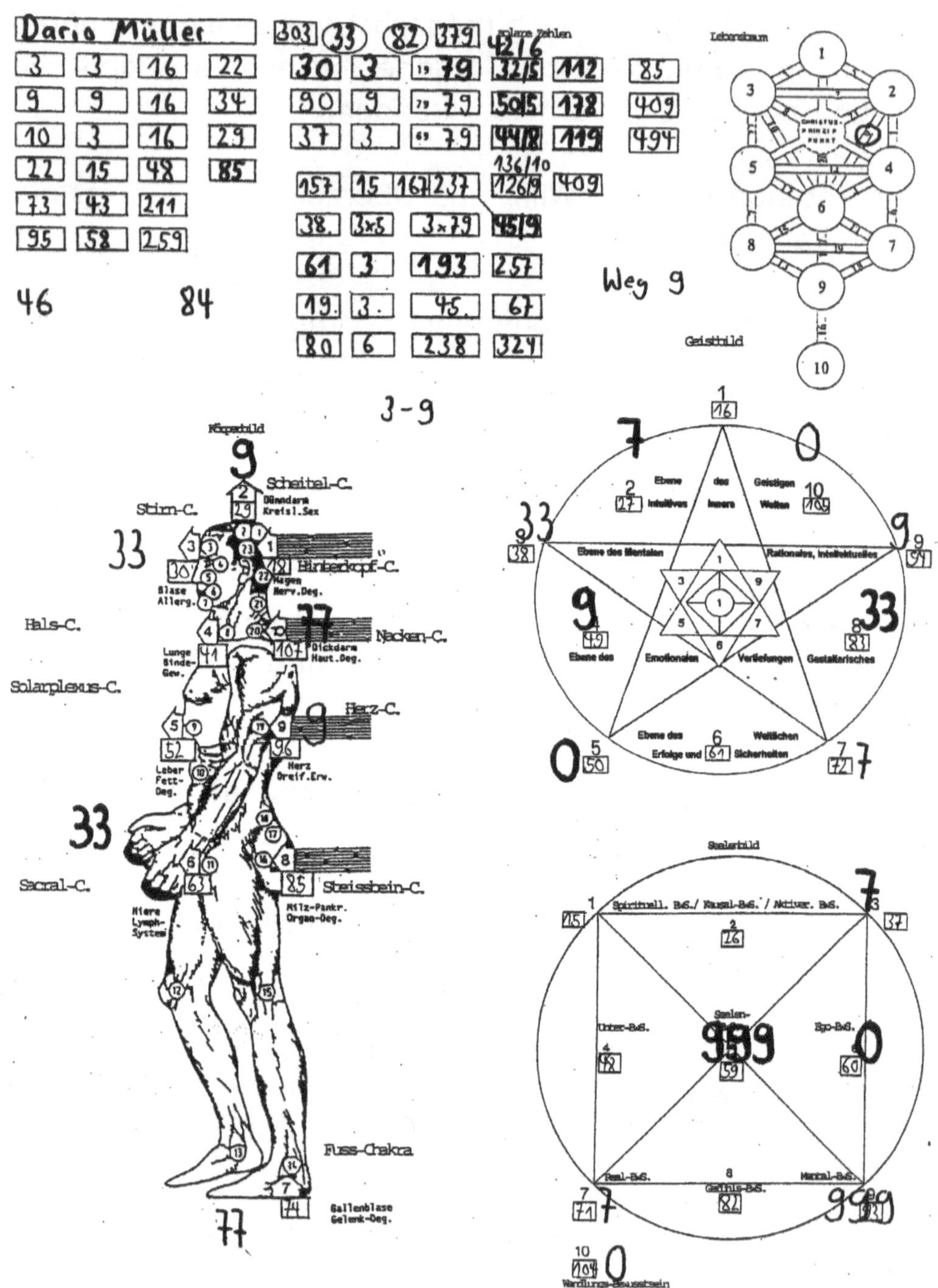

Wie Du zum Bonus-Kurs, „17 Vorteile, die Du mit einem genialen, ganzheitlichen Numerologie-Horoskop nutzen kannst", gelangst

Einführung

Wir freuen uns, dass wir Dein Interesse für MEHR INFORMATIONEN geweckt haben!

Gerne bieten wir Dir – als Geschenk – einen **KOSTEN-LOSEN ONLINE** Kurs an, in dem wir NOCH AUSFÜHR-LICHER über diese faszinierende Lehre berichten!

Du lernst in diesem Numerologie Online Kurs 17 Vorteile kennen, die Dir diese ganzheitliche Lehre, im Zusammenhang mit dem genialen Geburtshoroskop, bieten kann.

Dieser Kurs hilft Dir, mit Bestimmtheit, zu entscheiden, ob es für Dich das Richtige ist, mit mir, mit uns zusammen zu arbeiten.

Es geht dann darum, Dich für ein Dir stimmiges, geeignetes Coaching-Paket, Programm zu entscheiden!

Z.B. bekommst Du dann so richtig Lust, eine nume-rologische Jahres-Ausbildung zu erleben, indem Du den vielschichtigen, BEGLEITETEN ganzheitlich-numerologischen Fernlehrgang – mit 13 Modulen und Abschluss (Zertifikat) – belegst!

Dieser interessante Online-Einführungs-Kurs steht für Dich auf der Plattform ELOPAGE zur Verfügung: Hier schon einmal der Link:

https://klickehier.com/17-vorteile

Nun, auf den folgenden Seiten erhältst Du schon mal einige wichtige Informationen über diesen Online-Kurs:

17 Plus-Punkte, d.h., Vorteile, Dich mit DIESER ganzheitlichen Numerologie, bzw., Dich mit diesem genialen Numerologie-Horoskop zu beschäftigen

Einführungs-Thema, Vorteil Nr. 1

Du bist nicht nur EINE Zahl!

Du möchtest doch nicht DERART genügsam sein, Dich schon mit einer einzigen, einstelligen Zahl zufrieden geben, oder?

Hier wirst Du erfahren und glücklich feststellen (!!!), dass Du WEIT MEHR als z.B. eine 3 oder 5 oder 6 darstellst!!!

Nur schon mal vorneweg: Du kannst gerne, falls Du möchtest, ein wenig reflektieren.

Also, nur z.B. mit einer Grund-Zahl, z.B. der 3, ist es kaum möglich, Deine restlichen 90% Potentiale kennen und leben zu lernen, oder?

Falls Du WIRKLICH an einer tiefgründigen, umfangreichen, komplexen Numerologie interessiert bist, dann wirst Du schon in diesem Online-Kurs, fasziniert sein, was die Zahlen alles zu bieten haben, wenn man sie auf einen würdigen Sockel stellt!

Einführungs-Thema, Vorteil Nr. 2

Dreiheits-Prinzip: Eine ganzheitliche Lehre kennt das Geist-, Seelen- und Körper-Prinzip – mit den entsprechenden Bildern – sonst ist sie nicht vollständig!

Wir zeigen Dir, im Online-Kurs, was damit gemeint ist, wie dieses Dreiheits-Prinzip dargestellt ist, wo dass man dies sieht usw.

Einführungs-Thema, Vorteil Nr. 3

Ganzheitliche Zahlen-Behandlung: Du erfährst im Online-Kurs, was wir unter "würdiger Zahlen-Interpretation" meinen.

<u>Du wirst die Wichtigkeit erkennen, nicht von vornherein alle mehrstelligen Zahlen sofort auf eine einzige Ziffer zu reduzieren.</u>

Du wirst sehen, dass Dir ZWEI verschiedene Optionen zur Verfügung stehen, die Du für die Zahlen-Interpretation nutzen kannst, je nach dem, um was es geht, für wen die Information ist, wie gerade Deine Stimmung, Verfassung ist usw.

Du erfährst hier auch die BESONDERHEIT der Primzahlen, den Zahlen, die nur durch sich selbst teilbar sind.

Einführungs-Thema, Vorteil Nr. 4

Blaue, statische und rote, anregende Zahlen-Kräfte: Du wirst die Wissens-Bereicherung, mit den blauen und den roten Zahlen schätzen lernen!

Wir erklären Dir, im Online-Kurs, den Sinn und Zweck dieser farbigen Zahlen.

Einführungs-Thema, Vorteil Nr. 5

Das Geistbild: Du wirst erfahren, wie wichtig dieses erste Bild (Geistprinzip, das ERSTE Prinzip) für Deine Persönlichkeits-Entwicklung, Bewusstwerdung ist.

Wir zeigen Dir auf, welche wichtige Rolle Deine Geburtstags-Zahlen (Tag, Monat und Jahrgang) in Zusammenhang mit diesem Bild spielen.

Wie in der Astrologie, kannst Du auch im Geistbild viele verschiedene, interessante Zahlen-Verbindungen, z.B. Oppositionen, erkennen.

Wir zeigen Dir, im Online-Kurs, ein Geistbild-Beispiel.

Nebenbei: Falls Du später dieses Bild erlernen möchtest, stehen Dir, z.B. im begleiteten Numerologie-Fernstudium 25-30 (!) verschiedene Geistbild-Beispiele zur Verfügung!

Du kannst Dir dies ruhig auf Deiner Zunge vergehen lassen ... so viele Beispiele..., so GENIAL (!), wo gibt's das schon?!

Dasselbe – die Anzahl der Beispiele betreffend – gilt auch für das Seelenbild und das Körperbild!

Einführungs-Thema, Vorteil Nr. 6

Das Seelenbild: Im Seelenbild (das zweite, nämlich das Seelenprinzip), was tatsächlich u.a. mit der psychischen Verfassung zu tun hat, sprechen wir von verschiedenen Ebenen, angefangen von unten..., mit dem Tages-, Wachbewusstsein.

Es geht da auch um sog. Seelen-Kanäle, dann auch verschiedenen Bewusstseins-Zentren.

Damit Du ein wenig ein Gefühl für dieses Bild bekommst, machen wir ein Beispiel, also, da werden wir ein paar Schwerpunkte aufzeigen.

<u>An dieser Stelle: Es ist zwar KEIN eigentliches Seminar, dieser Online-Einführungs-Kurs, ABER Du erhältst viele interessante Informationen, die es Dir - eindeutig - leichter fallen lassen wird, Dich ... nachher ... zu entscheiden, welche Dienstleistungen Du dann von uns beziehen möchtest.</u>

Einführungs-Thema, Vorteil Nr. 7

Das Körperbild (das dritte, nämlich das Körperprinzip): Dieses Bild kennt zwei Schwerpunkte, nämlich die ENERGETISCHE und die AUSDRUCKS-BETONTE Betrachtung.

Du wirst, anhand eines Beispiels, sehen, wo am Körper (je nach Geburtsdatum) viel, zu viel oder eben auch wenig oder zu wenig Durchblutung, Zirkulation, Energie vorhanden ist.

Zudem zeigen wir Dir im Online-Kurs, was der Sinn und Zweck eines sog. Ausdrucks-Energie-Zentrums ist.

Apropos: Dieses Bild ist nicht nur für Therapeuten aller Art HOCHINTERESSANT (!), sondern für alle, die Interesse haben, z.B. sowohl diese und jene Ausdrucks-Möglichkeiten zu fördern und auch eine effektive Vorsorge, Prävention zu betreiben.

Gerade mit diesem Bild lässt sich - mit Vorsorge - viel, viel Geld, Kosten sparen! Damit meinen wir vor allem Deine zweite Lebenshälfte.

Einführungs-Thema, Vorteil Nr. 8

Solare Zahlen (Erweiterung, Geist-, Seelen- und Körperprinzip): Keine Angst, :-), das sieht komplizierter aus, als es ist!

Es ist, unserer Meinung nach, sozusagen die "Königs-Disziplin".

Du erfährst hier, mit einem Beispiel, welche gewichtige Schwerpunkts-Themen hier eine Rolle spielen, besonders die Spezial-Aufgabe für Dich selbst und z.B. auch eine Art Berufungs-Aufgabe nach aussen usw.

WICHTIG: <u>Dieser obere Sektor des Numerologie-Horoskops stellt eine bedeutende KOMPLETTIERUNG (!) dieses Grundbilds dar</u> … vervollständigt eine umfassende Beratung, also das Aufzeigen von Möglichkeiten, Stärken, Potentiale, Lebensaufgaben, Sonstiges.

Einführungs-Thema, Vorteil Nr. 9

Namen + Zahlen:

Die Namen stellen weitere, interessante Puzzle-Steine dar.

Du wirst, in dieser Online-Kurs-Einführung erfahren, für was die Vornamen, Rufnamen, Künstlernamen, Nachnamen stehen.

Eine wichtige Komponente ist hier die sogenannte Namens-Zahl!

Einführungs-Thema, Vorteil Nr. 10

Persönliche Potenzial-Quadratur:

Wir werden Dir zeigen, wie es möglich ist, DEINE WICHTIGSTEN DREI ZAHLEN (!), Deine Tageszahl, Deine Monatszahl und Deine Jahrgangs-Zahl in eine POTEN-ZIERUNG (!) zu bringen.

Dies ist eine Hilfe, sodass es für Dich einfacher sein wird, diese Zahlen besser leben zu können!

Du wirst im Online-Kurs sehen, was Du z.B. mit Deiner Quadratur anziehen sollst, welche Spezial-Aufgabe zu erfüllen ist usw.

Einführungs-Thema, Vorteil Nr. 11

Stehst Du vor Deiner Berufswahl und Du bist Dir nicht sicher, was Du tun sollst?:

Im Prinzip könnten wir uns als Berufs-, Hobby-, Lebensberater bezeichnen, die mit dieser vielschichtigen Lehre WUNDERBAR aufzeigen kann, was gut wäre, zu fördern, im Leben!

Wir zeigen Dir, im Online-Kurs, anhand eines Beispiels auf, was - mit entsprechendem Geburtsbild - möglich ist, anzugehen, z.B. ob eher eine Kopf-Betonung (Aufgabe) oder eher praktische Potenziale zu nutzen sind ... oder beides.

Einführungs-Thema, Vorteil Nr. 12

Arbeitest Du als Personal-Verantwortlicher (z.B. Rekrutierung), als Trainer, Coach, Therapeut, Beratender?

Bist Du jemand, der andere Menschen vorwärts bringen möchte?

Frage, was gibt es besseres, als diese Lehre, die jede Ebene, sozusagen jeden Bereich abdeckt, ein HERVORRAGENDES INSTRUMENT (!) ist, um anderen Menschen weiter zu helfen!

Wir zeigen Dir, in diesem Online-Kurs, wie WIR SELBST vorgehen, welche Schwerpunkte wir im Numerologie-Horoskop anschauen!

Einführungs-Thema, Vorteil Nr. 13

Stehst Du in einer speziellen Lebens-Phase, z.B. um 50 herum ... und möchtest Dich NEU orientieren?!

Vielleicht bist DU SELBST in der Lage, dass Du Dir sagst, "da musst doch was da sein, was BESSER zu mir passt, was mir MEHR Freude bereiten würde, als das, was ich bisher gemacht habe (Lebensstile und Lebensziele)?!"

Wir sehen immer wieder Menschen, die nach einer Beratung sagen, "ich hab's ja eigentlich schon immer gewusst, Du gibst mir die Bestätigung (!), dass ich es nun endlich anpacken muss, darf".

Wir geben Dir kurz, in einem Video, Bescheid, wieso die Lebensphase zwischen 45 und 55 derart wichtig ist und wir zeigen ein Beispiel, wie jemand jahrelang neben der Schiene gelaufen ist ... und jetzt dabei ist, dies zu ändern.

Einführungs-Thema, Vorteil Nr. 14

Thema Schatten-Muster: Gebremst zu sein, Dir selbst auf Deine eigenen Füsse zu treten, ist DEFINITV nicht schön, oder?

Wir meinen, falls Du auf dem Persönlichkeits-entwicklungs-Weg, Bewusstseinsweg bist – sonst würdest Du Dich nicht für sowas interessieren – dann bist Du INTERESSIERT DARAN (!), wo allfällige Bremsen, Schwierigkeiten, vielleicht sogar auch Blockaden liegen können, gell?!

Ist – für uns – selbstredend, dass in einer späteren Ausbildung, Du immer wieder viele Lösungs-Möglichkeiten erhältst!

Wir zeigen Dir im Onlinekurs anhand eines Geburtsblatts auf, und zwar an verschiedenen Stellen, welche Schwierigkeiten noch vorhanden sein können (aber nicht zwingend müssen).

Merke: Oft ist es so, dass hinter einer Schwierigkeit eine Stärke liegt! Oft ist es so, je stärker sich die Schwäche zeigt, desto grösser ist auch das Potenzial zur Stärke dahinter!

Einführungs-Thema, Vorteil Nr. 15

Möchtest Du MEHR Durchblick, Erkenntnisse, Optimierung in Sachen Miteinander, Gemeinschaftliches, Arbeitsgemeinschaften, verschiedene Kontakte, Beziehungen usw.?:

Ist es NICHT erstrebenswert (!), z.B. die Aktionen und Reaktionen anderer Menschen besser zu verstehen?

Mit dieser genialen, ganzheitlichen Zahlen-Lehre, die BESTENS für die konstruktive Persönlichkeits-Entwicklung, Bewusstwerdung zugeschnitten ist, geben wir Dir, im Einführungs-Kurs, 3 typische Beispiele, auf was es – in einer Gemeinschaft – zu achten gilt.

Es kann eben z.B. sein, dass der eine extrovertierter, der andere introvertierter, der eine dominanter, der andere anpassender Natur sein kann usw.

Einführungs-Thema, Vorteil Nr. 16

Gesundheits-Vorsorge: Wenn wir Dir sagen, dass schon alleine dieser Punkt, also diese Vorteils-Beschreibung TAUSENDE von Euros wert ist, denkst Du vielleicht, "spinnst Du, jetzt nur nicht übertreiben"?!

Wir zeigen Dir, im Online-Kurs – für alle Ebenen (Geistbild, Seelenbild, Körperbild) – je zwei Beispiele auf,

WIESO es in Sachen Gesundheits-Prävention so WERT-VOLL sein kann, dieses geniale Numerologie-Horoskop zu kennen!

Einführungs-Thema, Vorteil Nr. 17

Das ist nur der letzte Punkt: ABER: Glaube uns, es liessen sich noch einige andere Vorteile aufzeigen (!)

Dir steht, falls Du magst, ich, der sichtbare Teil, ;-), Dir stimmig, sympathisch bin, ein ganzheitlicher Zahlen-Profi mit nun bald 30 Jahren Erfahrungen (Stand 2019) zur Verfügung!

Ich habe inzwischen tausende von Geburtsdaten, Geburts-Horoskope angeschaut.

Du kannst es mir glauben, ich verfüge über ein enormes Zahlen-Wissen (das übrigens auch mit früheren Leben zu tun hat).

Zusätzlich habe ich – darum spreche ich in der Regel auch von „wir" – zusätzliche Unterstützung durch die geistige Welt.

Vielleicht meinst Du, "das kann ja jeder sagen … nur nicht angeben!"

Klar, Du kannst, darfst selbstverständlich mit anderen Zahlen-Experten zusammenarbeiten, falls Du meinst, es gäbe bessere…, da wäre ich nicht beleidigt!

Nun, ich zeige Dir im Einführungs-Online-Kurs, wie Du herausfinden kannst, WELCHE Fähigkeiten Du hast!

Möchtest Du nun, in Sachen ganzheitliches Numerologie-Wissen auf einen HÖHEREN LEVEL gelangen?!

Ja-a?!

Dann besuche jetzt diesen Online-Fern-Lehrgang!

Du wirst Freude haben!

Du wirst sehen, dass nicht nur eine ganzheitliche Astrologie, ein ganzheitliches Handlesen usw., sondern auch eine ganzheitliche Numerologie sehr, sehr interessant, wertvoll, nützlich sein kann, und zwar für alle möglichen Lebensbereiche!

Du kannst mir – selbstverständlich – jederzeit Fragen stellen!

Hier ist nochmals der Link für die Plattform Elopage, wo dieser Online-Kurs platziert ist:

https://klickehier.com/17-vorteile

Einige Angaben über den – ebenfalls – kostenlosen Einführungskurs, betreffend Numerologie-Fernlehrgang, 13 Module

In diesem ausführlichen Info-Kurs erfährst Du ALLES über den genialen, begleiteten, ganzheitlichen Numerologie-Fernlehrgang! Hier ein Ausschnitt, bzw. die Informationen zu einem der wichtigsten Module, nämlich zum Geistbild, zum Grundbild, wo alles entsteht (Modul 3):

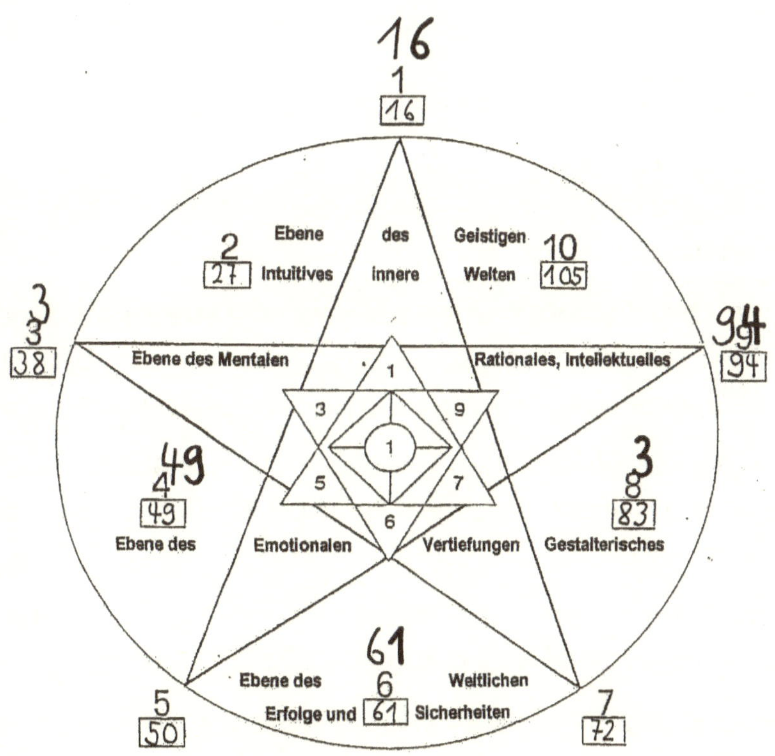

Wenn Du dieses Modul erarbeitet hast, wirst Du wissen,

- dass das Geistbild das Grundbild ist, wo alles entsteht, wo alles seinen Anfang hat

- wie Du sowohl Deine Geburtstags-Zahlen - Tageszahl, Monatszahl, Jahrgangszahl (also Deine ganzen Zahlen) wie auch die EINZELNEN Zahlenkräfte Deines Geburtsdatums - im Geistbild eingesetzt - interpretieren kannst (dort die sogenannten Kästchenzahlen)

- dass mit der Quersumme für das Geistbild mindestens DREI interessante Anwendungs-Gebiete vorhanden sind: Wichtiger Alters-Abschnitt, Verbindung zu anderen Menschen, übergeordnete Information für das ganze Geistprinzip, bzw. Kopf-Geistbereich

- welche Zahlenkräfte sozusagen befreundet sind oder welche sich "beissen" usw. ... auf JEDEN Fall ein VIEL besseres Zahlen-Verständnis als vorher haben

- wie die 10 Aufgaben-Felder im Geistbild und auch die vier verschiedenen Prioritätsstufen zu handhaben sind

- welche primären "Hausaufgaben" Du hast (die blauen, statischen Zahlenkräfte)

- wie mit den 10 Kästchen-Zahlen zu arbeiten ist, die nicht nur aufzeigen WELCHE Möglichkeiten und Aufgaben vorhanden sind, sondern auch WIE diese anzugehen sind

- wie Du optimal sowohl mit den blauen, statischen wie auch mit den roten, anregenden Zahlen handhaben kannst, die BEIDE Möglichkeiten, Stärken, Potentiale für Tätigkeitsbereiche, Hobbys usw. Aufzeigen

- wo es im Bild, sozusagen Zugzwang gibt, die Lebens-Aufgaben möglichst optimal zu erfüllen, weil sonst Probleme auftauchen können, aber nicht zwingend müssen

- die Dringlichkeit erkannt haben, möglichst optimal mit sogenannten polaren Formen handhaben zu können (insgesamt fünf verschiedene Themen-Bereiche, mit 1+6, 2+7, 3+8, 4+9 und 5+0)

- was das Wesen und Wirken der verschiedenen Ebenen (Geist-Bewusstseins-Ebene (mit den Zahlen 2 und 0), Mental-Ebene (mit den Zahlen 3 und 9), Emotional- und Gestaltungs-Ebene (mit den Zahlen 4 und 8), Ebene des Alltags, der materiellen Gegebenheiten (mit den Zahlen 5 und 7) ist

- wie mit weiteren interessanten Zahlen-Verbindungen zu handhaben ist, z.B. mit vielen verschiedenen Dreiecks-Formen, also drei verschiedenen Zahlen-Kräften, die sich gegenseitig - z.B. für ein bestimmtes Potential - verstärken können (z.B. das Gestaltungs-Dreieck, mit den Zahlen 1-4-8)

- welche weiteren wissenswerte Zusammenhänge es noch gibt

Energie-Ausgleich

Euro 595.-- (Zahlungs-Abwicklung über die Plattform Elopage)

Zeit-Aufwand

Etwa 4-6 Wochen
Das kann durchaus variieren, z.B. auch länger gehen.

Du selbst - wie es Dir stimmig ist - darfst das Tempo bestimmen!

Allerdings macht es keinen Sinn, dieses ANSPRUCHS-VOLLE Modul schon in etwa 2-3 Wochen abschliessen zu wollen.

Voraussetzungen

PC oder Laptop (mit interner oder externer Kamera)

Du hast Modul 2, ausführliche Zahlen-Interpretationen, absolviert.

Besonderes

Ohne gleichzeitig Zahlenkenntnisse zu erwerben, kannst Du dieses Modul 3, Geistbild, NICHT machen.

Wir empfehlen Dir - gerade in den Anfängen Deiner Zahlen-Studiums-Zeit - Dich in Sachen "Zahlen-Verständnis" reinzuhängen.

Damit Du z.B. Abwechslung hast, kannst Du das auch z.B. akustisch haben, in dem Du auch unsere Zahlen-Erklär-Videos, auf unserem Youtube-Kanal anschaust.

Begleiteter Unterricht, mit Zoom-Sitzungen

<u>Insgesamt sind vier Zoom-Stunden vorgesehen!</u>

Dabei ist zu sagen, dass alles Mögliche, was diesen begleiteten, ganzheitlich-numerologischen Fern-Lehrgang angeht, REIFEN, sich weiterentwickeln darf!

So ist es möglich – wie schon an anderer Stelle erklärt – Preise und z.B. auch die Anzahl Unterrichtsstunden via Zoom, sich jederzeit verändern können, aber nicht in einer laufenden Abmachung!

Übrigens: Zoom ist wie Skype, aber meiner Meinung nach, noch besser! Du bekommst jeweils, vor der Sitzung, eine E-Mail-Einladung für den Zoom-Raum.

Ich nehme die Zoom-Sitzung auf und sende Dir - im Anschluss - sowohl die Video- wie auch die Audio-Datei zu.

Ablauf

Nach Bezug dieses Modul kannst Du uns, per E-Mail - info@lebensgestaltung.ch - kontaktieren, wann es Dir für die erste Zoom-Sitzung passen wird.

Als Alternative, sollte es mit Zoom aus irgendeinem Grunde nicht klappen, können wir das Ganze auch via Skype abhalten:

Meine Skype-Adresse: peter.schneider1311

Am besten bitte drei verschiedene Tages-, Tages-Stunde-Wünsche angeben, danke.

Der erste Zoom-Unterricht dauert 1 Std.

Da geht es um das Technische, also um das Erstellen Deines Geistbildes... und dann noch einige weitere Bilder, am besten von Bezugspersonen.

Bitte einige Geburtsdaten bereit halten, danke!

Du kannst nun selbst entscheiden, wie viel Zeit Du brauchst, um dies und das im Modul zu studieren, weitere

Bilder zu erstellen, um Dir diese und jene Überlegungen zu machen usw.

Es macht unserer Meinung nach Sinn, wenn Du sicher mal etwa 1 1/2 bis 2 Wochen die Unterlagen studierst, bevor wir die nächste Zoom-Sitzung abhalten (etwa eine halbe bis eine Woche voraus können wir wegen dem Termin schauen).

Der zweite Zoom-Unterricht dauert 1 Std.

Da besprechen wir ausschliesslich DEIN EIGENES BILD!

Der dritte Zoom-Unterricht - z.B. 1-2 Wochen später - dauert 1 Std.

Da besprechen wir mehrere Bilder.

Du darfst für diese Sitzung 6 Bilder vorbereiten!

Da werden vor allem WIR Dir alles Mögliche zeigen, erklären.

Der vierte Zoom-Unterricht - wiederum z.B. 1-2 Wochen später - dauert ebenfalls 1 Std.. Da besprechen wir mehrere Bilder. Du darfst für diese Sitzung 6 Bilder vorbereiten!

Da darfst Du SELBST beginnen, zu interpretieren.

Selbstverständlich werden wir z.B. Ergänzungen anbringen usw.

Verschiedenes

<u>Bereite Dich stets möglichst gut auf diese Sitzungen vor!</u>

Je besser Du dies tust, desto mehr hast Du davon!

Um optimal mit dieser Lehre arbeiten zu können, ist der Geistbild-Teil eines der wichtigsten Kurs-Teile.

Persönlicher Support

Wir stehen zwar nicht 24 Std., also nicht Tag und Nacht zur Verfügung. Aber Du kannst jederzeit gerne - am besten via E-Mail - mit Fragen an uns gelangen!

Dann werden wir so schnell wie möglich antworten!

Weitere Werke, von uns, bei Amazon

Zum Schluss nochmals vielen herzlichen Dank, dass Du dieses Taschenbuch bezogen hast!

Gerne machen wir Dich auf weitere Werke, von uns, auf Amazon, aufmerksam!

https://klickehier.com/alle-meine-werke-auf-amazon

So darfst Du natürlich weitere Taschenbücher und auch eBooks von uns beziehen, falls Dir dasjenige, was Du über die Zahl 0 (und weitere Zahlen mit der 0) und alles darum herum, gefallen hat.

Du kannst auch alle möglichen Bezugs-Personen von Dir darauf aufmerksam machen, **ihnen z.B. die Wichtigkeit ihrer Tages-Zahlen ans Herz legen!**

Die Taschenbücher UND die eBooks über die anderen, restlichen 9 einstelligen Zahlen-Kräfte, kennen den GLEI-CHEN Aufbau, das gleiche Prinzip wie das vorliegende Werk!

(Numerologie 0, Numerologie 5
Numerologie 1, Numerologie 6
Numerologie 2, Numerologie 7
Numerologie 3, Numerologie 8
Numerologie 4, Numerologie 9)

Vielleicht fragst Du Dich, wieso wir EXAKT diese „Pärchen-Anordnung" gemacht haben?!

Nun, z.B., weil es Sinn macht, falls Du es z.B. stärker mit der 0 zu tun hast (z.B. an einem 10., 20. oder 30. geboren bist oder sonst wo 0er im Geburtsdatum hast), Du bereit bist, auch den sogenannten Gegenpol, die 5, zu erarbeiten!

Also: BEIDE Taschenbücher und/oder auch eBooks zu beziehen, kann so **sehr wichtig sein,** falls Du eine 0 **UND** eine 5 oder eine 1 **UND** eine 6 oder eine 2 **UND** eine 7 oder eine 3 **UND** eine 8 oder eine 4 **UND** eine 9 im Geburtsdatum hast.

Falls du z.B. Interesse hast, die einzelnen Tage, Wochen, Monate, Jahre AKTIV zu begleiten, dann gibt es zwei interessante eBook-Werke für Dich, nämlich eine Art

immerwährender Kalender:
- Du hast hier JEDEN Tag (in JEDEM Jahr) zur Hand! Wie ist das möglich? Schaue selbst nach, z.B. mit einem Blick ins Buch, auf der entsprechenden Amazon-Seite!

Numerologie: Kalender 2020
- In diesem eBook geben wir Dir nützliche Impulse, wie Du die einzelnen Monate AKTIV begleiten kannst. Für 2021, 2022, 2023 usw., schon in Planung!

Du kannst mich übrigens auf Amazon abonnieren..., so bist Du ständig auf dem Laufenden!

Wir wünschen Dir viel Freude in der Anwendung!

Und, falls es passt, wer weiss, dann werden wir in der Zukunft miteinander zu tun haben, z.B. aufgrund einer Beratung oder auch z.B. in Sachen Ausbildung usw.

Selbstverständlich darfst Du jederzeit Fragen stellen, Anregungen machen usw.

Alles Gute, was immer Du tust, wo immer Du bist! Wir sind gerne für Dich da!

Herzlicher Gruss

Urs Peter Schneider Störi und die geistige Welt

Links

Zwei KOSTENLOSE Bonus-Kurse für Dich:

<u>17 gute Argumente, Dich mit dieser ganzheitlichen Numerologie-Lehre zu befassen:</u>
<u>https://klickehier.com/17-vorteile</u>

<u>Einführungskurs begleitetes Numerologie-Fernstudium, 13 Module:</u>
<u>https://klickehier.com/info,-numerologie-fernlehrgang</u>

Homepage: <u>https://lebensgestaltung.ch</u>
E-Mail: <u>info@lebensgestaltung.ch</u>

Facebook-Numerologie-Gruppe:
<u>https://klickehier.com/facebook-numerologie-gruppe</u>

Youtube: <u>https://klickehier.com/youtube:-numerologie-und-selbstbewusstsein;-so-geht-es!</u>

Instagram:<u>https://www.instagram.com/numerologie_peter_schneider/</u>

Amazon, Autoren-Portal:
<u>https://klickehier.com/alle-meine-werke-auf-amazon</u>

<u>**Achtung:**</u> Sollten einzelne Links (in Zukunft) aus irgendwelchen Gründen nicht mehr funktionieren: Bitte mich benachrichtigen … dann kann ich Dir weiter helfen!